60分でわかる！

THE BEGINNER'S GUIDE TO
LAWS FOR E-COMMERCE

EC
ビジネス
のための
法律 超入門

弁護士法人
ファースト＆タンデムスプリント法律事務所
弁護士 小野智博 [著]

技術評論社

① ECビジネスの将来性と法律早わかり Q&A

Q1 ECの国内市場の現状は?

EC（電子商取引）市場の規模は、下図のように急成長しています。国内BtoCの市場規模（2021年）は前年比7.35％増の20.7兆円。BtoB（2020年）は前年比11.3％増の372.7兆円に及んでいます。特に物販系分野とデジタル系分野（電子出版、有料動画配信など）の伸びが目立っています。

EC市場規模の経年推移（BtoC）

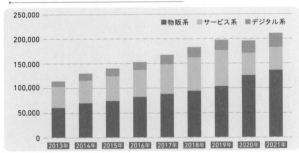

出典：経済産業省「令和3年度 電子商取引に関する市場調査」

Q2 市場の拡大について注目すべき点は?

世界の越境ECの市場規模は2020年現在9,123億USドル（約96兆4,270億円）で、2027年には4兆8,561億USドル（約513兆2,730億）になると予測されています（「Zion Market Research」調べ）。以前はAmazonやeBayなどの既存モールへの出店が主流でしたが、現在では自社サイトでの販売へ移行する企業も増えています。

Q3 中小企業も越境ECに参入可能でしょうか?

中小企業にとってはむしろ販路拡大のチャンスを迎えています。Shopifyなど中小企業向けのECサイトの構築支援サービスが増えていること、またPayPalやGooglePayなど越境ECでの決済が簡単に行えるようになっていることも参入のチャンスを広げています。

Q4 国内外を問わず、ECサイトの運営で必要な注意は?

コンプライアンス意識が浸透する中、致命傷になりかねないのが、広告表示などにおけるルール違反です。故意かどうかにかかわらず、法律に違反していれば、行政処分の対象になったり、顧客から訴えられたりする可能性があります。

Q5 法律に注意が必要なのは、罰金や損害賠償金が多額になるからでしょうか?

特に越境ECについてはその可能性が高いでしょう。裁判費用(弁護士費用など)も高額になるケースが多くなります。また、国内ECでは金銭面のみならず、SNSなどでの炎上も懸念されます。騒ぎが大きくなると、市場からレッドカードを突きつけられることにもなりかねません。こうしたリスクを想定して、法律に基づいた対策を、事前にもれなく講じることが大切です。

Q6 どのような対策が必要でしょうか?

返品トラブルの防止については特定商取引法に基づいて、各商品またはご利用ガイドなどに「返品特約（返品可能な条件など）」をわかりやすく記載します。また、消費者を誤認させる広告表示は景品表示法で規制されています。メルマガ配信は景品表示法のほか、特定電子メール法や特定商取引法等、化粧品やサプリメントは薬機法等を遵守するほか、利用規約やプライバシーポリシーの整備も必要です。

【返品特約の記載例】

使用前の本商品については、到着後〇日以内に限り、返品ができます。送料はお客様負担となります。その他、返品についての詳細はご利用ガイドをご参照ください。
▲クリックすると返品に関する共通の説明が表示される

【問題となる広告の例】

飲むだけでやせる!

※効果には個人差があります

▲強調表示に対して、打消し表示の文字が「極端に小さい」など視認しにくいと、景品表示法上問題となる
▲効果効能の表示は薬機法上も問題となる

Q7 越境ECでも対策は同じですか?

現地の法律が適用される可能性があることを念頭に、国内とは異なる対策が必要です。各国で成年年齢もマーケティング規制も個人情報の取扱いも異なる場合があります。海外PL保険への加入も必須です。

Q8 商品価格を間違えて、1桁安く表示してしまいました。受けた注文を無効にできますか?

間違いが少額だと無効にできない可能性が高いです。消費者が価格相場を把握していると思われる商品で、価格が明らかに誤表示だと認識できる場合は、売主側で無効にできる可能性が高くなります。

Q9 利用規約はほかのサイトからコピペしてもOK?

まず著作権の問題があります。また自分の EC サイトに最適化されていない利用規約をそのまま使用すると、自ら不要な制約を課したり、免責事項が無意味だったり、予定外のサービスを提供せざるを得なくなったりします。コピペは危険です。

Q10 法律は一度チェックすればいいですよね?

EC サイトの運営には、複数の法律が関わります(P.6 参照)。それらの法律は改正されることも多く、行政からガイドライン等が発表されたり、規制が強化されることもあります。法的なチェックは欠かせません。

EC ビジネスのリスク回避に、法律の理解が必須!

② ECビジネスに関連する法律

※下記の法律名の一部は略称で表示

国内ECのルール	越境ECの注意点

①関連する法律—民法より優先される規定に注意

◄ 利用規約に準拠法（どこの国の法律に従うか）と裁判管轄（どこの国で裁判を行うか）を定める

景品表示法 　不当表示や過大な景品を禁止 ◄

— 優良誤認表示の禁止

— 有利誤認表示の禁止

— その他誤認されるおそれのある表示の禁止

— 懸賞による景品類の提供制限

— 総付景品の提供制限

マーケティング規制は消費者の居住国で異なる場合があるため、事前リサーチが必須

特定商取引法 　通信販売など特定の取引についてのルール

— 広告に表示する事項を規定（特定商取引法に基づく表示）

— 通信販売などのメール広告についての規制

— 返品ルールを規定（法定返品権・返品特約） ◄

— 意思に反して契約の申込みをさせようとする行為の禁止

— 注文の最終確認画面での表示事項を規定

— 特定の継続的なサービスを販売する場合のルールを規定

越境ECでも返品ルールは必ず明記。各国で成年年齢等が異なる場合があることにも留意

消費者契約法 　消費者契約における消費者の利益を保護 ◄

— **①不当な勧誘行為によって締結した契約の取消し**

— **②消費者の利益を不当に害する契約条項の無効**

— 事業者の責任を免除する条項等が無効になる場合

— 消費者の解除権を放棄させる条項等が無効になる場合

— 成年後見制度の利用のみを理由とする解除権が無効になる場合

— 平均的な損害の額を超えるキャンセル料等が無効になる場合

— 消費者の利益を一方的に害する条項が無効になる場合

— **③事業者の努力義務**

— 契約条項を明確で平易なものになるよう配慮

— 勧誘に際し目的物の性質に応じ消費者の知識経験を考慮して必要な情報を提供

米国の場合、「電子商取引における消費者保護（OECD勧告）」の理解が重要

電子契約法 消費者の操作ミスの救済

── 電子消費者契約における錯誤取消しの特例を規定
── 事業者が操作ミス防止の措置を講じなければ消費者は重過失が
　　あっても契約の取消しが可能

特定電子メール法 迷惑メールの防止

── 広告宣伝メールの送信には原則として受信者の事前の同意が必要
── 広告宣伝メールについて特定の事項の表示を義務付け

資金決済法 資金決済サービスの適切な実施と利用者の保護 ◀─── 世界基準のセキュ
　　　　　　　　　　　　　　　　　　　　　　　　　　　　　　　　　　リティ対策が重要

── プリペイドサービス等の前払式支払手段について規定
── 前払式支払手段発行者の表示義務や供託義務等を規定

薬機法 医薬品等の品質、有効性及び安全性の ◀─── 国ごとに販売に要
　　　　　　確保と保健衛生上の危害防止 　　　　　　　 する許可を確認

── 承認前の医薬品等の効果効能等に関する広告の禁止
── 医薬品、医薬部外品、化粧品等の誇大広告の禁止

健康増進法 食品の広告について健康等に関する
　　　　　　　　誇大表示を禁止

製造物責任(PL)法 製造物の欠陥による被害に関し ◀─── 海外PL保険への
　　　　　　　　　　　製造業者等の損害賠償責任を規定 　　加入が重要

── 製造業者でなくとも、輸入業者や製造物にその社名等の表示を
　　したり、製造業者と誤認させるような表示をした業者、実質的な
　　製造業者と認められる表示をした業者も責任を負う場合がある

個人情報保護法 個人情報の適正な取扱いについてのルール ◀─── 適用される各国の
　　　　　　　　　　　　　　　　　　　　　　　　　　　　　　　　　　　ルールを要確認

── 個人情報の取得・利用・保管・管理・提供・開示等について規定
── 個人情報の利用目的を特定し事前に公表又は本人に通知する
── 漏えい等が発生した場合の報告・通知の義務

商標法 **著作権法** **特許法** （知的財産権の保護） 　効力は原則として
　　　　　　　　　　　　　　　　　　　　　　　　　　　　　　　　国内のみ。国ごと
　　　　　　　　　　　　　　　　　　　　　　　　　　　　　　　　に取得を要検討

③ ECサイト担当者のチェックポイント

【商品の説明や広告等について】

- ☐ 優良誤認表示、有利誤認表示をしていないか？
- ☐ 強調表示に伴う打消し表示は適切か？
- ☐ 価格について誤解のない表示をしているか？
- ☐ 体験広告は根拠となるデータを示すなど適切か？
- ☐ 定期購入については十分な説明を表示し、購入者の意思を確認する手続をしているか？

【懸賞や商品について】

- ☐ 法定の最高額・総額の範囲内になっているか？

【特定商取引法に基づく表示について】

- ☐ 法定の事項をすべて記載しているか？

【メールマガジン等の広告宣伝メールの配信について】

- ☐ 本人の同意を得ているか？

【注文の最終確認画面について】

以下の事項を表示しているか？

☐	分量	☐	引渡・提供時期
☐	販売価格・対価	☐	申込みの撤回、解除に関すること
☐	支払の時期・方法	☐	申込期間（期限のある場合）

【利用規約等について】

以下のような条項はないか？

☐	事業者は責任を負わないとする条項	☐	平均的な損害の額を超えるキャンセル料条項
☐	どんな理由でもキャンセルできないとする条項	☐	その他消費者の利益を一方的に害する条項

【返品特約について】

以下の点は適切か？

☐	表示サイズ・表示箇所	☐	各商品に適用されるルールと全商品に適用されるルール
☐	返品特約以外の事項との区別		
☐	返品の可否・返品の条件・返品送料の負担	☐	契約不適合責任の特約

【プライバシーポリシーについて】

- ☐ 個人情報の利用目的を適切に網羅して公表しているか？
- ☐ 個人情報の第三者提供等、本人の同意を得る事項が適切に記載されているか？
- ☐ プライバシーポリシーへの本人の同意を得るウェブサイト上の表示と手続は適切か？

【リスク対策について】

- ☐ 契約によるリスク対策に加え、保険（PL保険等）によるリスク対策を行っているか？

Contents

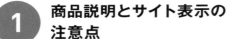

Part 1

関連法律を理解する！

商品説明とサイト表示の注意点

Part 2

法的問題に備える！

EC取引の成立と契約の履行・取消し

Part 何に気をつける？

3 ECビジネス
運営・サービス展開の
注意点

Part ルールを守って効果的な広告を!

**広告と集客に
関わる法律と対応**

Part 知らなかったは通用しない!

**海外展開の際に
気をつけること**

Part **6** 事例で学ぶ
**ECビジネスに関わる
法律のケーススタディと
対応プロセス**

本書で使用する法律の略称と正式名称

本書では、以下の法律について略称を使用しています。

本書で使用する略称	正式な法律名
景品表示法	不当景品類及び不当表示防止法
特定商取引法	特定商取引に関する法律
電子契約法	電子消費者契約に関する民法の特例に関する法律
特定電子メール法	特定電子メールの送信の適正化等に関する法律
資金決済法	資金決済に関する法律
薬機法	医薬品、医療機器等の品質、有効性及び安全性の確保等に関する法律
個人情報保護法	個人情報の保護に関する法律
PL法	製造物責任法

Part

1

関連法律を理解する！

商品説明と
サイト表示の注意点

ECビジネスでは
商品の表示方法に注意

● 複数の法律の規制を考慮する必要あり

　ECビジネスに関連する法律はさまざまです。まず注意が必要なのは商品表示についてのルールです。適正に表示しなければ行政指導を受ける、課徴金が課される、罰則が適用されるなど、高いリスクが発生します。

　商品表示に関連する法律の一つは**景品表示法**（不当景品類及び不当表示防止法）です。過大な景品類の提供や、商品・サービスの品質や性能を著しく優れていると誤解させたり、価格などの取引条件を有利に見せることなどを規制するものです。

　特定商取引法（特定商取引に関する法律）は通信販売など特定の取引を対象に、トラブルを防止し、消費者の利益を守るための法律です。ECビジネスは通信販売に該当し、誇大広告や重要な事実の不告知などを禁止しています。また法人名や住所などの一定事項をサイト上に表示することが定められています。

　化粧品や健康食品、サプリメントなどを販売する場合には、**薬機法**（医薬品、医療機器等の品質、有効性及び安全性の確保等に関する法律）も関係します。

　さらに、**商標法**や**著作権法**にも注意が必要です。他人の商標権や著作権を侵害すると、差止請求や損害賠償請求をされるなどトラブルに発展し、経営的にも大きなダメージを被る可能性が出てきます。

　では、早速、ECサイトにおける商品表示で起こりがちな問題と各法律の関係について見ていきます。足元をすくわれないように、正しい法律の知識を身につけましょう。

● 商品表示に関連する主な法律

景品表示法

商品やサービスの品質、内容、価格等を偽って表示を行うことを規制

【規制例】
◎優良誤認表示：果汁10%のジュースを「果汁100%」と表示
◎有利誤認表示：販売実績のない架空の通常価格に対する割引価格

特定商取引法

通信販売において広告に表示する事項や誇大広告の禁止等を規定。ECにおいては「返品不可」などの特約を記載せずに販売した場合、商品の引渡し日等から8日間は申込みの撤回や契約解除が可能

【規制例】
◎販売価格・送料・支払時期・支払方法・商品の引渡時期等の表示
◎事業者の名称・住所・電話番号等の表示

薬機法

医薬品、医薬部外品、化粧品等の品質、有効性及び安全性の確保等のための規制。虚偽または誇大な広告や、承認されていない医薬品等の広告を禁止

【規制例】
◎○○きのこでがんが治る
◎○○化粧水でくすんだ肌が白くなる

商標法・著作権法

商標法は商標登録されているネーミングやロゴと同一または類似の商標の使用についての規制。著作権法は思想または感情を創作的に表現した文芸、学術、美術、音楽の範囲に属するものの使用についての規制

【規制例】
◎偽ブランド品の販売（商標法）
◎サイトへのイラスト・写真などの無断使用（著作権法）

まとめ

□ 取扱商品がどのような法律で規制されているかを理解する
□ ECサイト上の表示方法も法律で規制がある

消費者が誤認するおそれのある 表示は禁じられている

● 消費者に誤認させる表示を規制する景品表示法

　EC サイトの運営では、第一に商品の不当表示に注意する必要があります。不当表示とは、商品・サービスの品質や規格、価格などを誤認させ、適正な商品選択を妨げるようなものをいいます。

　この不当表示を規制する法律が**景品表示法**です。景品表示法は大きく「表示」と「景品」を対象とした法律で、前者の表示に関わる規制の柱となるのが、「優良誤認表示」と「有利誤認表示」です（「景品」については Part 4 で取り上げます）。

　優良誤認表示は、商品・サービスの品質が実際あるいは競業他社よりも、**事実に反して著しく優れていると誤認させる表示のこと。有利誤認表示は、価格などの取引条件が**実際あるいは競業他社よりも、**事実に反して著しく有利であると誤認**させる表示のことです。有利誤認表示は故意に偽った場合だけでなく、誤って表示した場合も違反に問われます。二重価格表示も表示の方法によっては該当する可能性があります。

　"著しく"の基準は、誇張・誇大が社会一般に許容されている程度を超えているかどうかによります。商品の性質や一般消費者の知識水準、取引の実態、表示の方法、表示の対象となる内容などをもとに判断されます。

　景品表示法ではほかにも、消費者に誤認されるおそれがあるものとして、右ページの 6 つの不当表示が指定されています。消費者に誤解のない販売商品ページの作成は、EC サイト運営の基礎です。法律的なリスクを生まない表示をしましょう。

● 景品表示法における不当表示

景品表示法

商品やサービスの品質、内容、価値等について、
消費者に誤認される不当な表示を禁止

優良誤認表示

品質や内容等の
不当表示を規制

【規制例】
◎ カシミヤ80％のセーターを
「カシミヤ100％」と表示
◎「当社だけの技術を使用した
商品」と表示していたが、実
際は他社も同じ技術の商品
を販売

有利誤認表示

価格や取引条件の
不当表示

【規制例】
◎販売実績のない架空の通常
価格に対する割引価格
◎常時同じ価格の商品を「限定
○名様」「先着○名様」と表示
◎「○月限定」など期間限定をう
たった広告を通年で掲載

そのほかの不当表示

①無果汁の清涼飲料水等についての不当表示
②商品の原産国に関する不当表示
③消費者信用の融資費用に関する不当表示
④不動産のおとり広告に関する表示
⑤実際には購入できない商品やサービスを、
　購入できるかのように表示
⑥有料老人ホームに関する不当表示

まとめ

□ 景品表示法を正しく理解し、消費者に誤解を与える表現を防ぐ
□ 故意ではなく、誤って表示した場合も、違反となる可能性がある

強調表示と打消し表示は
セットで考える

● メリットとデメリットが一体として認識されるように表示

　「14 日間無料で使い放題！」「今なら○○がついてくる！」など断定的な表現や目立つ表現を使った広告表現を強調表示といいます。**強調表示自体は優良誤認表示や有利誤認表示などの不当表示に当たらないかぎり、違法性はありません。**

　ただし、強調表示の内容には、例外や制約などの条件付きであることが少なくありません。たとえば、**「14 日間無料で使い放題！」** ＋**「初めて申込みの方に限る」** などのようなケースです。

　このように消費者が、強調表示された内容から認識することのできない重要な条件が付く場合には、その条件についても適切に表示しなければなりません。これを**打消し表示**といいます。事業者からすると消費者の目にあまり触れさせたくない内容となりますが、消費者の立場から見て、**打消し表示が的確に認識できるものになっていないと、景品表示法違反**となるおそれがあります。

　2018 年 6 月に消費者庁が公表した報告書では、各媒体における取消し表示の表示方法が分析され、課題が指摘されています。考え方の基本となるのは、強調表示と打消し表示が一体のものとして消費者に認識される表示になっているかどうかです。サイト上に打消し表示が記載されているだけでは十分とはいえません。

　「強調表示に隣接した箇所に表示されているか」「強調表示と同じ文脈の中で取り扱われているか」「打消し表示の文字の大きさや色が認識しづらいものになっていないか」など、配置場所や内容、表示方法を総合的に判断し、不当表示に当たらないか判断されます。

● 「打消し表示」の表示方法の違いによる消費者の理解度

広告媒体	消費者の認識度
動画広告	●打消し表示等の文字と音声が同じ内容を表示している場合、別の内容を表示している場合より内容が認識されやすい ●注意を惹きつける商品画像が表示されているときは、音声が流れている間に画像に視線が滞留し、打消し表示を認識できない可能性がある
スマートフォンのウェブページ	●強調表示には視線が長く停留しやすい一方、離れた場所にある打消し表示には視線が停留しにくい ●隣接した箇所であっても、目立たない表示には視線が滞留しにくい ●強調表示から離れた箇所に打消し表示がある場合、スクロールして打消し表示に視線が滞留しても、強調表示との対応関係が認識できないこともある

出典：消費者庁「広告表示に接する消費者の視線に関する実態調査報告書」（2018.6）より作成

● スマートフォンの「打消し表示」に関する適切性判断要素

不当表示とされないためのポイント
・強調表示と打消し表示とが一体として認識されるように、強調表示に隣接した箇所に打消し表示を表示する
・強調表示と同じ文脈の中で打消し表示を記載する
・強調表示と打消し表示の文字の色や背景の色を統一する

まとめ
□ 強調表示と打消し表示が一体として認識されるように注意
□ 適切に表示されていない場合、景品表示法違反となるおそれあり

特定商取引法に基づく表示が義務付けられている

● 法律で義務付けられる特定商取引法に基づく表示とは

　EC サイトでは**特定商取引法に基づく表示**を必ず記載しなければなりません。特定商取引法は正式名称を「特定商取引に関する法律」といい、違法・悪質な勧誘行為など消費者とトラブルが発生しやすい取引について、事業者が守らなければならないルールを定めたものです。対象となる取引には、訪問販売、通信販売、電話勧誘販売、連鎖販売取引、特定継続的役務提供、業務提供誘引販売取引、訪問購入の 7 種類があり、EC サイトは通信販売に該当します。

　特定商取引法に基づく表示の具体的な内容は、**事業者の氏名（名称）・住所・電話番号、販売価格・送料、支払方法・時期、商品の引渡時期、返品・交換・キャンセルに関する事項**などです。また、特別な販売条件がある場合にはその内容の記載や、ソフトウェアの販売では必要な動作環境の表示等も求められます。

　サイトのどこに表示するかは規定されていませんが、消費者が確認しやすいように、トップページや運営会社のページに、**特定商取引法に基づく表示の専用ページ**へのリンクを設置するのが一般的です。

　特定商取引法に基づく表示の掲載は法律上義務付けられているものですが、消費者心理としても情報を開示しているサイトのほうが信頼できるはずです。

　特定商取引法を正しく理解して必要な項目を漏れなく表示するのはもちろんのこと、安心して購入してもらえるように、消費者に優しいサイト運営を心がけましょう。

▶ 特定商取引法に基づく表示の例

販売業者	株式会社○○	→ 公的書類に記載のものと同一名称に
代表責任者	○○○○	→ 個人名を明記
所在地	〒○○○ - ○○○○	→ 番地やビル名まで記載
	東京都新宿区新宿○ - ○ - ○ ○○ビル5F	
電話番号	03- ○○○○ - ○○○○	→ 携帯番号でも可
電話受付時間	8：00 ～ 17：00	
メールアドレス	○○○ @ ○○○ .com	
サイトURL	https://www. ○○○○ .com	
販売価格	各商品の紹介ページに記載しています。	
消費税の取扱い	商品の表示価格はすべて消費税込みの価格となります。	
商品代金以外に必要な料金	・配送料（宅急便：○○円、メール便：○○円）※○○○円以上購入すれば送料無料 → 地域によって送料が変わる場合は詳細を明記。「○○円～」といった表記は不可。別ページにリンクを張っても構わない	
	・手数料（コンビニ決済：○○円、代引き：○○円）	
商品の引渡時期	ご注文から○日以内に発送します。 → 具体的な日数を明記	
お支払方法とお支払の時期	クレジットカード決済：商品注文時にお支払が確定します。	
	コンビニ決済：注文後○日以内に、コンビニでお支払いください。	
	代金引換：商品到着時、配送員に現金でお支払いください。	
返品・交換・キャンセルについて	商品に欠陥がある場合を除き、返品には応じません。	
	商品に欠陥がある場合には返品を受け付けます。欠陥がある場合の送料については弊社で負担します。 → 返品・交換時の送料についても明記	
古物商許可証	東京都【許可番号】第○○○○○○○○○○○○号【販売管理者】○○○○ → 許可が必要な商品については許可番号等を明記	

> **まとめ**
>
> □ 特定商取引法に基づく表示は法律で義務付けられている
> □ 消費者に信頼されるために、明確な表記を心がける

根拠のないNo.1表示は
不当表示として違反になる

● 客観的な根拠がないと不当表示に認定される場合も

「シェア1位」「○○ランキング1位」などの、いわゆる「No.1広告」は、顧客誘引力が高い広告手法です。そのため、事業者としてはいつまでも表示し続けたい、全面的に押し出したいと考えるものです。しかし、**不当なNo.1広告は景品表示法の優良誤認表示や有利誤認表示に該当します**（P.18参照）。

不当表示の疑いがある場合、消費者庁は関連資料の収集や事業者への事情聴取などの調査を行います。その結果、不当表示と認定すると事業者に対して、一般消費者に与えた誤解の排除、再発防止策の実施などを命ずる**措置命令を行い、消費者庁のサイトにも掲載**します。さらに、不当表示の行われた期間（3年間まで）における対象商品の売上の3%を課徴金として納付するように命じることもあります。

No.1広告は、顧客誘引力が高いことから安易に使ってしまいがちですが、**競合他社や顧客が消費者庁に通報して発覚するケースが少なくありません**。ECサイトや運営事業者の規模や知名度とは無関係ですので、気づかれないだろうと考えていると、痛い目に遭います。

仮に調査会社等からNo.1表示をして問題ないといわれても、客観的な調査に基づいていない場合や、調査結果を正確・適正に引用していない場合など、措置命令を受けるのはECサイトの運営事業者です。右ページのルールをよく理解して不当表示にならないように注意しましょう。

● No.1広告を不当表示にしないためのルール

ルール1

No.1 広告の内容が客観的な調査に基づいている

▼ ▼

その調査が関連する学術界や産業界で一般的に認められた方法または関連分野の専門家多数が認める方法で調査されている

【例】健康食品に含まれる特定成分を一般的方法で測定

社会通念上及び経験則上、妥当と認められる方法による調査

【例】特定のショッピングモールにおける販売数であれば、ショッピングモールの運営者が公表する数値

ルール2

調査結果を正確かつ適正に引用している

▼

客観的な調査に基づいており、対象商品の範囲や地理的範囲、調査期間などについて正確に示している

 NG 不正確あるいは不明瞭な表記の場合は認められない！

【NG例】特定の期間における販売数が1位だったが、その期間を明記せずに「○○売上ランキングNo.1とだけ表示

【NG例】僅差で2位だったのに1位と表記

まとめ

□ No.1 広告は顧客誘引力が高いが客観的な根拠が必要
□ 消費者庁に不当表示と認定されると、措置命令の対象になり得る

化粧品等の効能効果に関する誇大な表現は薬機法で禁じられている

● 広告表現では薬機法の規制に注意

　化粧品の広告で「塗るだけで美白効果があります」というフレーズを目にしたことはないでしょうか。このような表現は**薬機法**に違反する可能性があります。

　医薬品と医薬部外品、化粧品では定義が異なりますが、多くの消費者はこうした違いを理解していません。もし化粧品に医薬品のような薬理作用があると誤認して購入してしまうと、治療が遅れ、身体に害が及ぶことにもなりかねません。このような不利益を防ぐために、**化粧品に関する誇大広告は禁止され、効能効果として表現できる範囲は限定されています。**

　化粧品は、本来そのほとんどが薬理作用によって効能効果が認められたものではないため、厚生労働省の通知（右ページ参照）に記載された以外の薬理作用による効能効果の表現はできないこととされているのです。

　もっとも、それ以外にも、**化粧品としてのメーキャップ効果や使用感については表現できる**場合があります。

　具体的には「化粧くずれを防ぐ」「小じわを目立たなくする」「みずみずしい肌に見せる」等のメーキャップ効果や、「清涼感を与える」「爽快にする」等の使用感を表示して広告することは、事実に反しなければ認められます。

　また、同じ化粧品でも**医薬部外品（薬用化粧品）については、その承認を受けた効能効果を記載する**ことも可能です。

● 医薬品・医薬部外品・化粧品の違い

種別	医薬品	医薬部外品	化粧品
定義	◎日本薬局方に収録されている ◎診断、治療又は予防が目的 ◎身体の構造又は機能に影響を及ぼすことが目的	◎人体に対する作用が緩和なもので、機械器具等ではないもの ◎吐き気その他の不快感又は口臭若しくは体臭の防止、あせも、ただれ等の防止、脱毛の防止、育毛又は除毛といった目的に使用	◎人の身体を清潔にし、美化し、魅力を増し、容貌を変え、又は皮膚若しくは毛髪を健やかに保つ目的 ◎身体に塗る等の方法で使用 ◎人体に対する作用が緩和なもの
具体例	◎医療用医薬品（処方薬） ◎要指導医薬品 （スイッチ直後品目・ダイレクトOTC） ◎一般医薬品	◎薬用化粧品・化粧水 ◎薬用石鹸・シャンプー ◎育毛剤（医薬品以外） ◎有効成分入りの乳液、クリーム、パック、日焼け止めなど	◎化粧品・化粧水 ◎シャンプー ◎乳液 ◎クリーム
効能効果の規制	◎承認を受けた効能効果等の範囲を超えた広告表示は禁止	◎承認を受けた効能効果等の範囲を超えた広告表示は禁止	◎承認を要しない化粧品の効能効果の表現は、厚生労働省の通知の範囲を超えてはならない

化粧品の効能の範囲

- 頭皮、毛髪を清浄にする
- 香りにより毛髪、頭皮の不快臭を抑える
- 頭皮、毛髪をすこやかに保つ
- 毛髪にはり、こしを与える
- 頭皮、毛髪にうるおいを与える
- 頭皮、毛髪のうるおいを保つ
- 毛髪をしなやかにする
- クシどおりをよくする
- 毛髪のつやを保つ
- 毛髪につやを与える
- フケ、カユミがとれる
- フケ、カユミを抑える
- 毛髪の水分、油分を補い保つ
- 裂毛、切毛、枝毛を防ぐ
- 髪型を整え、保持する
- 毛髪の帯電を防止する
- 皮膚を清浄にする
- ニキビ、アセモを防ぐ・
- 肌を整える

- 肌のキメを整える
- 皮膚をすこやかに保つ
- 肌荒れを防ぐ
- 肌をひきしめる
- 皮膚にうるおいを与える
- 皮膚の水分、油分を補い保つ
- 皮膚の柔軟性を保つ
- 皮膚を保護する
- 皮膚の乾燥を防ぐ
- 肌を柔らげる
- 肌にはりを与える
- 肌にツヤを与える
- 肌を滑らかにする
- ひげを剃りやすくする
- ひがそり後の肌を整える
- あせもを防ぐ・
- 日やけを防ぐ
- 日やけによるシミ、ソバカスを防ぐ
- 芳香を与える

- 爪を保護する
- 爪をすこやかに保つ
- 爪にうるおいを与える
- 口唇の荒れを防ぐ
- 口唇のキメを整える
- 口唇にうるおいを与える
- 口唇をすこやかにする
- 口唇を保護する口唇の乾燥を防ぐ
- 口唇の乾燥によるカサツキを防ぐ
- 口唇を滑らかにする
- 乾燥による小ジワを目立たなくする
- 口中を浄化する（歯磨き類）
- 口臭を防ぐ（歯磨き類）
- 以下、使用時にブラッシングする歯磨き類
- ムシ歯を防ぐ
- 歯を白くする
- 歯垢を除去する
- 歯のやにを取る
- 歯石の沈着を防ぐ

出典：厚生労働省医薬食品局長通知「化粧品の効能の範囲の改正について」より作成

> まとめ
>
> □ 化粧品などの広告表現では薬機法の規制に注意
> □ 一般消費者が誤認し、不利益を被らない表現にする

商標権登録はサイトの開設後
すぐに済ませる

◉ 自社のサイトやブランドイメージを守る商標権

　商標とは、事業者が自社の商品やサービスを他社と区別するために使用するマーク（識別標識）のことです。その商標の保護を目的とする権利が商標権です。登録するには、特許庁に「商標登録願」を提出します。

　商標権の登録を受けた事業者は指定の商品やサービスについて登録商標を使用する権利を専有します。もしほかの事業者が商標権を保有する商標と似たような商品名やロゴマークなどを使った場合、商標権を侵害しているとして、その事業者に対し、**差止請求や損害賠償請求**などをできる場合があります。

　ただし、商標権の侵害を訴えるには右ページのように条件があります。商標が似ていても、商品やサービスがまったく異なるものであれば、商標権の侵害には当たりません。

　ECサイトを始める際には、まず自社のサイト名やロゴ、商品名などが他社の商標権を侵害したり、有名企業・商品の名声や信用にフリーライド（ただ乗り）していたりしないか注意しましょう。

　また、商標登録は任意ですが、自社のECサイトのブランドイメージや取扱商品の競争力などを守るため、知名度が上がってからではなく、**サイトの設立当初にサイト名やロゴ、取扱商品について商標登録を済ませておく**ことをお勧めします。商標権には先願主義という特徴があって、未登録のままでいると、損害賠償請求やライセンス料を目的に悪意のある他者に先に登録されてしまい、商標権侵害で訴えられたりするなどの可能性が出てくるからです。

● 商標権侵害の要件

> 商標権の侵害は
> 商標×<u>指定商品・指定役務</u>
> の組み合わせで決まる

※商標登録の願書に書いた
商品・役務（＝サービス）のこと

	類似性	商品・役務（サービス）		
		同一の場合	類似の場合	非類似の場合
商標 （マーク）	同一の場合	○	○	×
	類似の場合	○	○	×
	非類似の場合	×	×	×

※○、×は商標権
の効力が及ぶ範囲

指定商品や指定役務が類似しているかどうかは、
特許庁のホームページに掲載されている類似商
品・役務審査基準に基づいて判断する

● 商標権登録をしないリスク

 ①他社に商標権を取得されると、使っていたネーミングや
ロゴなどが使えなくなる

 ②悪意なく、似ているネーミングやロゴを使用した場合で
も、商標権侵害で訴えられる可能性がある

まとめ

□ 商標登録は任意だが、登録しない場合のリスクは大きい
□ サイト設立当初にサイト名やロゴ、取扱商品の商標登録を！

商品画像や説明文の著作権は
制作費の支払だけでは譲渡されない

● 権利帰属合意の客観的な証拠として契約書が必要

ECサイトでは、商品画像の撮影や説明文などの作成を外部業者へ委託することが珍しくありません。その際「報酬を支払っているのだから、著作権も自分たちのもの」と考えているのであれば、その認識を改める必要があります。

著作権はその著作物を創作した人に帰属するのが原則です。文章はもちろんのこと、商品画像も撮影した人が著作権を有します。職務著作（右ページ）などの例外はありますが、制作のための費用や報酬を負担しただけでは、著作物の創作行為に関与などをしていない人が著作権を得ることはありません。著作権を得たいのであれば、発注者側は著作者から著作権の譲渡を受ける必要があります。

著作権の譲渡は契約書の中で決めておくべき事項です。ただ現実には、時間の猶予がないなどの理由で契約書を作成せずに受発注をしているケースも多いでしょう。そのような場合、たとえばメールのやりとりや音声の録音など、契約書以外に著作権譲渡の合意が認められる証拠があれば、契約が認められる可能性はあります。

ただし、契約の合意内容を特定できる客観的証拠が整っていることは稀です。裁判所は法の原則に沿って、著作権は制作者側にあるという前提に立ちます。そのうえで、**制作者側が発注者側に対してどのような範囲で制作物の利用許諾をしたか**を見極めていくため、明確な証拠がなければ譲渡は認められにくいのです。

著作権に関係する取引が頻繁にある場合は**著作権譲渡契約書の雛形**をあらかじめ準備しておき、必ず契約を交わすようにしましょう。

▶ 著作権を得るには

制作費や報酬を負担しただけでは、著作権は譲渡されません。
著作権は原則、著作物を制作した人に帰属します。

**商品説明文や
キャッチコピー**
⇒コピーライター

**パッケージや
商品のイラスト**
⇒イラストレーター

商品写真
⇒カメラマン

職務著作の場合は会社が著作権を保有
法人等が著作物の作成を企画し、従業員等が職務として作成した法
人を著者名とする著作物については、著作権は会社に属します。

▶ 著作権譲渡契約書に盛り込む内容（例）

第1条（契約の目的）
第2条（著作権譲渡の範囲）
第3条（データの引渡し）
第4条（著作者人格権の不行使）
第5条（保証）
第6条（譲渡代金と支払時期）

第7条（契約解除）
第8条（損害賠償）
第9条（反社会的勢力の排除）
第10条（著作権譲渡の登録）
第11条（合意管轄）

> 文章や写真、イラストのほか、音楽やプログラムなど譲渡対象はさまざまです。それによって、盛り込む契約条項は違ってきます。契約書を作成する際には、専門家のチェックを受けることをお勧めします。

まとめ

☐ 制作物の著作権は、原則として制作者に帰属する
☐ 著作権の譲渡は書面（契約書）で合意を得る

商品パッケージが優良誤認表示の対象に

　商品のパッケージは、イラストやキャッチコピーなどで消費者にアピールできます。しかし、あまりにイメージ先行でデザインすると、法令に抵触してしまう可能性があるので注意が必要です。

　2016年、パックに入ったお茶を販売していた企業が、消費者庁より景品表示法に基づく措置命令を受けました。対象となったお茶の原料は、一部を除いて外国産でしたが、その商品パッケージには「阿蘇の大地の恵み」というキャッチコピーとともに、水車小屋など日本の里山を思わせる風景のイラストが描かれており、「どくだみ・柿の葉・とうきび・はと麦」等の記載がありました。

　消費者庁はパッケージから想像される原料の原産地が、実際の原産地と違うことを問題視し、「あたかも、本件商品の原材料が日本産であるかのように示す表示をしていた」として、優良誤認表示に当たると判断したのです（2017年に食品表示法に基づく食品表示基準が改正され、国内で作られたすべての加工食品に対して、重量が一番重い原材料について原料原産地の表示が義務付けられています）。

　このように、パッケージも優良誤認表示とならないように気をつけなければなりません。不当表示については課徴金制度も導入されているので注意しましょう。

Part

2

法的問題に備える！

EC取引の成立と
契約の履行・取消し

EC取引の契約成立のタイミングと
契約取消し等のリスクに注意

● EC 取引では契約成立後も、取引が取り消される場合がある

EC 取引では、顧客が事業者へ購入の申込みを行い、その申込みに対して事業者が承諾の通知を送ります。この**通知が顧客に到達した時点で原則として契約が成立します**。

もっとも、EC 取引は対面販売ではないため、注文者がパソコンやスマホの操作ミスで数やサイズを入力し間違えたり、色やサイズなどを誤認して注文してしまったりすることが起こりやすくなっています。

そのため、例外的に**電子契約法**（電子消費者契約に関する民法の特例に関する法律）により、**事業者が操作ミスを防止するための措置を講じていない場合は、消費者に重大な過失があっても契約を取り消すことができる**とされています。

商品の到達後も「商品が画像と違う」「未成年である」「商品に欠陥がある」などの理由で返品を求められたり、納期の遅れから受取りを拒否されたりすることもあります。こうした要求にすべて対応していては時間もコストもかさみます。事前に法律に基づいた対策を打っておく必要があります。

一方、事業者側も注文の承諾をした後で、価格の誤表示や欠品に気づいたり、不正注文が発覚したりするなど、契約の無効も含めて対処を迫られる場面が出てきます。いずれも**法律に基づいた対処が必要であり、対策として利用規約等の整備・同意の取得が重要**になります。

注文の受け方で契約取消しの可否が決まる

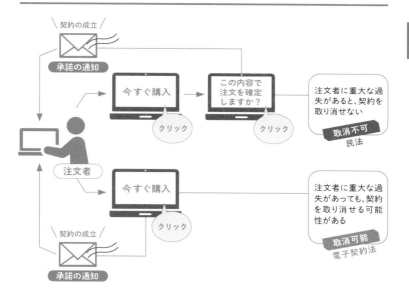

契約が取消しや解除になる可能性のあるケース

事　由	詳　細
返品特約の記載がない	商品到着から8日間以内であれば、消費者の送料負担で返品可
情報等の誤表示	売主（事業者）側の重要な誤表示があった場合、取消しやキャンセルを求められたら対応しなければならない
納期遅延	納期が定められていたにもかかわらず、商品の到着が遅れた場合、注文のキャンセルや返品が可能な場合がある
未成年者	注文者が未成年者の場合、取消し可

まとめ

☐ EC取引では注文者に重過失があっても錯誤が主張できることも
☐ 買主の操作ミスを防止するための確認画面等が必須

価格表示のミスや在庫切れに備え
メールでの注文承諾を保留する

● 契約成立時期は利用規約に明記

　P.34 のとおり、EC 取引では、顧客が注文の申込みを行い、事業者の送った注文承諾の通知が顧客に届いた時点で契約が成立します。24 時間自動応答で対応できるため、契約の手間はかかりませんが、事業者が価格を間違えて表示していたり、商品が在庫切れだったりしたときも契約が成立してしまいます。受け付けた注文を取り消すには、事業者からお願いをしなければならなくなり、顧客とトラブルに発展することもあります。

　こうした事態を回避するためには、**注文受付後の画面表示や自動応答メールでの文面を「本通知は注文を受信したことを確認するものであり、承諾通知ではありません」といったものにして一旦保留し、注文を受けても問題がないことを確認してから正式な承諾通知**を改めて送るようにします。このようにすると、自動応答メール等が顧客に届いた時点では、契約が成立していないことになり、商品の在庫がないといった万一の場合に、不都合な契約を履行するリスクを下げることができます。

　もし注文受付の画面や自動応答メールに前述のような記載がなかったり、曖昧だったりするときは、**顧客の同意を得た利用規約で契約の成立時期をどのように定めているか**で判断されます。自社の利用規約に記載がなければ、追記するようにしましょう。

　もちろん、事業者が注文を受信したうえで承諾しないことは、顧客に良い印象を与えません。ブランドイメージ保持のために、可能な限り回避しましょう。

● 契約の成立を保留する表示方法

●契約が成立したとみなされる表示（保留されない）

下記のとおりご注文を承りました。
ご注文いただいた商品は〇営業日以内
に発送いたします。

商品名	色	サイズ	個数
スニーカー	青	27	1

下記のとおりご注文を承りました。
ご注文いただいた商品は〇営業日以内に
発送いたします。

注文後の画面表示または応答メールの文面
がこのような場合、注文書が受信した時点
で契約成立。価格のミスや在庫切れなどの
場合の対処が難しくなる

●契約成立を保留する表示

下記のとおり注文が送信されました。

商品名	色	サイズ	個数
スニーカー	青	27	1

本メールは当サイトがお客様のご注文を受
信したことを確認する通知であり、承諾通
知ではありません。在庫等を確認の上、受
注が可能な場合には改めて正式な承諾通知
をお送りいたします。

本メールは当サイトがお客様のご注文を
受信したことを確認する通知であり、承
諾通知ではありません。在庫等を確認の
上、受注が可能な場合には改めて正式な
承諾通知をお送りいたします。

正式な承諾通知を注文者が受信するまで契
約は成立しない

● 利用規約により保留する場合の記載例

　商品をご注文いただいた場合、お客様からのご注文は、当社に対する商品
購入についての契約の申込みとなります。
　ご注文の受領確認とご注文内容を記載した『ご注文の確認』メールが当サ
イトから送信されますが、お客様からの契約申込みに対する当社の承諾は、
当サイトから商品が発送されたことをお知らせする『ご注文の発送』メール
といたします。

まとめ

□ 契約成立後のキャンセルはトラブル発生のリスクあり
□ 売買契約の成立の時期は利用規約等に明記しておく

勘違い・操作ミスによる取消しを
生まないしくみを構築する

● 顧客の錯誤による誤注文は売買契約を取り消される場合も

ECサイトでは注文画面やメールを通じて、買主（顧客）の申込みと売主（事業者）の承諾により双方の意思表示が行われ売買契約が成立します。しかし、オンラインショッピングでは、操作ミスや勘違い（錯誤）による誤注文が起きることは珍しくありません。そのような場合でも契約は成立するのでしょうか。

誤注文であっても、売買契約は一応成立します。ただし、民法と電子契約法によって、買主は操作ミスであっても契約の取消しを主張できます。ただし、**注文の送信ボタンを押す前に「この内容で注文を確定しますか？」など、最終の確認画面が設けてある場合には、重過失のある注文者は契約の無効を主張できません**（P.34参照）。

また近年は、音声ショッピングを取り入れるECサイトが増えています。消費者にとっては便利なサービスですが、スマートスピーカーの誤作動によって意図しない注文をしてしまったなど、音声だからこそのトラブルが発生しています。誤注文が多発するとECサイト側としては大きな損害になりかねません。

誤発注を防ぐしくみづくりとしては、前述のように申込みの後に、注文確定手続を別途必要にするほか、**音声ショッピングでは「注文過程で内容確認を複数回行う」「リピート注文以外の新規注文は商品ページの確認を必須にする」**などの方法が挙げられます。

ただし、やり過ぎてしまうと、特に音声ショッピングの場合、せっかくの便利さを損ねてしまいます。行政から発表されるガイドラインなどを参考に、しくみを整えていきましょう。

● 契約の取消しのカギを握る「錯誤」とは?

契約

売主 ◄─────► 買主

売買契約では、売主(事業者)の売りたいという意思表示と、買主(顧客)の買いたいという意思表示が合致することで成立する、法的責任を伴う約束

錯誤

表意者*が、自分の表示行為が内心の意思とは食い違っていることに気づいていない場合

*勘違いやミスをして意思を表示した人

● 音声ショッピングによくあるトラブル

視認が不要なため誤注文

「色や形状を視認せずに注文をし、到着した商品がイメージと違っていた」「注文数の確認不足で意図した以上の数の商品が届いた」など

誤作動などによる誤注文

「スマートスピーカーの誤作動により注文が確定してしまった」「注文の途中で子どもの声に反応して異なる商品が注文されてしまった」など

うまく注文できない

「注文したつもりが、何らかの理由で注文確定まで進めていなかった」「言葉の違いで通じない」「本など商品名が長く、聞き取ってもらえない」など

まとめ

☐ 「錯誤」による意思表示は取消しが可能な場合がある
☐ 錯誤による注文を防ぐ「しくみづくり」が重要

トラブルになりやすい
返品、受取拒否、定期購入

◉ 返品や受取拒否など、トラブルに発展する可能性あり

ECビジネスでは、消費者からさまざまな問合せやクレームなどが寄せられることが予想されます。トラブルに巻き込まれないためには、どのような対策を講じればよいのでしょうか。

まず返品についてです。返品が有効かどうかは、その理由や返品特約の有無によって変わってきます。返品特約の表示がない限り、8日以内であれば返品が可能となるので、特約に返品の可否や条件、返品にかかる送料の負担などを明示しておきます（P.58参照）。

送付した商品の受取り拒否もよくあるトラブルです。防止策としては、サイト上に**「受取拒否や発送後にキャンセルされた場合、往復の送料、代引き手数料、梱包資材料などの実費と商品代を請求いたします」**などと明記しておくといいでしょう。悪質な場合には、支払督促などで商品代を請求することも検討します。

消費者契約法違反を主張されるケースもあります。消費者契約法では、消費者の利益を一方的に害する条項は無効になると定められていますが（P.50参照）、近年では特に定期的に商品が送られてくる定期購入への規制を強めています。消費者が実質的に**「契約を更新しない」**と意思表示する機会を与えられない場合、**定期購入が無効**になる可能性があります。

対策としては、最終確認画面で注文の確定をわかりやすく表示することが大切です。定期購入の内容を消費者側から確認・訂正できるようにしましょう。

● 定期購入契約が無効となり得るケース

無効の可能性

購入すれば自動的に継続購入となる契約になっていて、購入時点で継続的な契約であることが明記されていない

契約が自動継続する旨の説明の表示が小さく認識されづらい

数回購入の契約や自動継続であることを示したページが、申込画面とリンクされていない

一度のみの購入を選ぶことができないなど、商品の売買契約を継続して結ぶ必要があることが表示されていない

● 自動的な契約更新や継続購入のトラブル対策

対策 1

定期購入の取引の主な内容を明確に表示する

契約期間や購入回数のほか、初回割引などの特典がある場合は、2回目以降の通常価格などを詳細に記載する

対策 2

申込画面に定期購入契約や継続契約であることを明示する

商品ページだけでなく、購入画面・申込画面においても、定期購入や継続購入であることを表示する

対策 3

利用規約や契約内容は商品選択画面から確認できる位置に設置する

購入前に何度か意思を確認できるしくみに。チェックを入れないと先に進めなくする

対策 4

定期購入の解約方法を明確に表示する

定期購入や継続購入の契約後の解約方法やいつから解約可能かを具体的に示す

対策 5

1回のみの購入も選択できるようにする

1回のみの購入も選択できるようにし、チェックボックスを設けて注文者の選択が明確になるようにする

対策 6

申込確認メールや納品書にも契約内容と解約方法を記載する

そのほか明示する機会があれば、積極的に記載する

まとめ

□ トラブルへの発展回避のため、サイト上での適切な表示が必須
□ 定期購入の申込みについては消費者契約法の規定に特に留意

未成年者への販売は
契約が取り消されるケースがある

◉ 申込画面上の対策でトラブルを防止

　ECサイトでは、未成年者が商品やサービスを購入することもありますが、未成年者との売買契約は取り消される場合があります。未成年者は、成年者と比べて知識や経験が少なく判断能力も未熟なため、契約で不利益を被らないようにするために法律で保護されているからです。

　民法では、**未成年者が法定代理人の同意を得ずに結んだ契約は、取り消すことができる**と定められています。取消しをすると契約時にさかのぼって無効なものとされるため、未成年者の代金支払の義務がなくなるので、買主である未成年者は事業者に支払った代金を返還請求できます。

　未成年を理由に契約の取消し要請があった場合、取引が履行されていなければ、単に注文をキャンセルするだけです。すでに取引が履行されている場合は、右表のようにその取引を取り消す必要があります。食品など、食べてしまって商品が残っていない場合でも、民法では、**現に利益を受けている限度で返還の義務を負う**とされているので、現状のものの引渡しを要求できるにとどまります。

　未成年者との契約でトラブルにならないための対策としては、**未成年者の場合は法定代理人の同意が必要であることを、申込画面で明確に表示・警告し、年齢または生年月日の入力を求めます**。顧客が未成年者だった場合には、**法定代理人の同意があることを自ら記載してもらうつくり**（チェックボックスなど）にしておくと安心です。

◉ 未成年者から契約の取消しを主張できる条件

◎契約時の年齢が18歳未満である（法律上の未成年であること）
◎法定代理人が同意していない
◎契約当事者が婚姻の経験がない
◎法定代理人から、処分を許された財産の範囲内でない
◎法定代理人から許された営業に関する取引でない
◎未成年者が成年者であるとの詐術を用いていない
◎法定代理人の追認がない
◎取消権が時効になっていない

本人を代理する者のこと。未成年者の場合、親権者。親権者がいない場合は未成年後見人。なお、未成年者の契約を有効にするためには、父母共同（離婚している場合は親権を有している親）の同意が必要

法定代理人

未成年者が嘘をついて契約をすること。たとえば「自分を成年者と偽って契約を行った」「法定代理人の同意を得ていないのに同意を得ているとした」など

詐術

取消可能な契約を有効なものと認めること

追認

◉ 未成年者による契約取消しへの対応

取引におけるタイミング		買主（未成年者）	売主（ECサイト）
履行前		代金を支払う義務なし	商品やサービスを引き渡す義務なし
履行後	開封前	商品を売主に引き渡す	支払済みの代金を返金
	開封後消耗後	現に利益を受けている限度で返還の義務を負う（すでに消費してしまっているものも、現状のものを引き渡す）	支払済みの代金を返金（すでに開封や使用している商品の場合も、現状の引渡しの要求しかできない）

まとめ

☐ 未成年者との売買契約は取消しを求められることがある
☐ 年齢確認や法定代理人の同意確認の明示などで対策を

価格の誤表示による
事業者側からの契約の取消しは？

● 契約成立のタイミングと売主側の重過失がポイント

　EC事業者にとって最も恐れるミスは価格の誤表示でしょう。誤表示の価格で注文を受けてしまった場合、販売を拒否できるのでしょうか。ポイントは2つです。一つはやはり**売買契約が成立済み（注文の承諾をしている）かどうか**です（P.34参照）。契約が成立していなければ、事業者側は販売を拒否することもできます。

　では、契約の成立後は拒否できないかというと、そうとは限りません。**重要な事項に関する錯誤**については取り消せる可能性があります。

　価格設定は契約において重要な事項に該当します。たとえば、本来59,800円のテレビを5,980円と誤表示した場合、1桁少ない価格で販売する気がなかったのは明らかです。よって、錯誤として、原則、契約を取り消せることになります。一方で民法は重過失（普通しないようなひどい注意不足）については取消しができないと定めています。こちらに従うと、桁を間違えるのはEC事業者としてはひどい注意不足のため、取消しができないことになりそうです。

　ところが、民法にはもう一つルールがあります。**買主が価格の誤表示を認識していた場合は、EC事業者に重過失があっても、錯誤の主張が認められる**のです。よって結論としては、事業者は契約を取り消し、販売を拒否できる場合が多いでしょう。

　ただ、実際に価格設定ミスで大量注文を受けてしまった場合、いきなり法律を盾にするのは、炎上騒ぎにつながる可能性もあり、得策ではありません。まずはお詫びをして理解を求めましょう。

● 価格の誤表示による実際の事件

> 直販サイト「丸紅ダイレクト」で
> 19万8,000円で販売予定のPCを、1万9,800円と誤表示

> ネットで情報が拡散し約1,500台の注文を受ける

> 価格設定ミスを理由に注文のキャンセルを発表

> ユーザーからの反発で誤表示価格での販売を決定

> 翌年、サイトを閉鎖

法律的に契約の取消しが可能でも、価格の誤表示のトラブルは
顧客の信頼喪失や炎上の原因に。くれぐれも注意！

価格の誤表示に備えた利用規約の例

本サイトに表示された商品価格が市場の相場価格等
に比較して誤りであることが明らかな場合、当社は
契約の成否にかかわらず、ご注文をお断りし、また
は取消しをすることができます。

まとめ

☐ 利用規約記載の売買契約成立のタイミングに注意
☐ 売主側に重過失がある場合は取消しが認められない場合も

欠陥商品への対応など
取引後の法的問題

● 利用規約に定めておけば、優先して適用される場合も

　ECサイトでは、取引終了後も買主（顧客）に対応しなければならない場合があります。たとえば、商品に欠陥があった場合、またアフターサービスや返品、キャンセル対応などが考えられます。このような場合の対応を、法的な面から考えてみましょう。

　まず、**販売した商品に欠陥があった場合**は、利用規約にあらかじめ欠陥があった場合の対応を定めているか否かで分かれます。対応方法を利用規約に定めておけば、規約の規定が優先されます。定められていない場合には、民法の規定が適用されます。その場合は**契約不適合責任が適用され、修補請求や代替物請求、代金減額請求、損害賠償請求や解除**を主張される可能性があります。

　ただし、商品に欠陥があったときでも、配送中のトラブルが原因だったと認められれば、配送業者に補償を請求できる場合もあります。配送業者と交わした契約書等で示されている補償の上限額や通知期間に従って対応しましょう。

　契約の取消しや返品、交換の申出があった場合については、ここまでに説明してきたとおり、返品特約によります。返品特約を定めていなければ、受取り後8日間は返品に応じなければなりません。

　なお、ECサイトでよくない評判が立つのは、多くの場合、販売後の対応についてです。購入後に配信するメールなどの文面にも注意するほか、クレームや問合せへの誠意ある対応、購入した商品に対する販売者独自の保証期間の設定など、フォローアップやアフターサービスについても整備しましょう。

● 販売した商品に欠陥があった場合の対応

利用規約に「欠陥があった場合の
対応の定め」がある

YES

NO

利用規約の規定が優先

交換、返品、返金、返品期間
など、規約に記載された内容
で対応

民法の規定が適用され
「契約不適合責任」を負う

補修請求、代替物請求、代金
減額請求、損害賠償請求、契
約解除などを主張される可能
性がある

● 商品販売後の売上アップにつながるサービス等の例

例 1

購入者にレビュー投稿を促す

個人情報の利用目的に注意

例 2

クーポンを配信する

クーポンの利用条件に注意

例 3

問合せ対応を実施する

自社の業務の範囲に注意

例 4

独自の保証期間を設定する

保証条件に注意

まとめ

☐ 法的に対応すべき問題については事前に利用規約で定める
☐ 適切なアフターサービスは売上向上につながる可能性が大きい

定型約款について
正しく理解する

● 不特定多数の相手との契約に活用

インターネットの普及により、不特定多数の当事者との取引が増加しています。そこで契約を効率的に締結するため、「約款」が用いられることが増えました。**約款とは、事業者によって、同種かつ多数の取引のためにあらかじめ定型化された契約条件**のことです。一般的な契約では相手方と個々に話し合って契約条項を決めますが、約款は先に契約条項が準備されていて、相手方が同意するだけで契約の内容となるため、スピーディーに契約が進みます。

一方で、相手方が約款をよく読まないで取引し、後々トラブルに発展するケースも少なくありません。そこで 2017 年の民法改正で、**定型約款に関する規定**が新設されました。定型取引を行う合意をした者は、右ページの要件①と②のいずれかを満たせば、定型約款の個所の条項についても合意したとみなされることになりました。ECサイトの**利用規約**（P.54 参照）**もほとんどが定型約款に該当**します。

ただし、P.50 で説明するように、約款の内容に法律的な問題がある場合は合意をしなかったものとみなされます。また、定型取引合意の前後の相当期間内に、相手方からの定型約款の開示請求に対して、開示を遅滞したり拒んだりした場合も、合意したとは認められません。

改正民法の定型約款のルールには抽象的な要件が多く、そのルールに即した約款を準備するにはケース・バイ・ケースの対応が必要です。自社の利用規約が要件を満たしているかをしっかりと確認しましょう。

● 定型約款とは？

定型取引

以下の2つの条件を
満たす取引

①ある特定の者が不特定多数の者
を相手方として行う取引である
②その内容の全部または一部が
画一的であることがその双方に
とって合理的なもの

定型約款

定型取引において、契約の内容
とすることを目的としてその特
定の者により準備された条項の
総体

||

不特定多数の利用者との契約手続
を合理的に進めるため、契約条件
を画一的に定めたもの

● 定型約款のみなし合意の要件

みなし合意とは？

定型取引を行うことの合意をした者は、下記①②のいずれ
かの要件を満たす場合、定型約款の個別の条項について
も合意をしたものとみなされる

▼

要件①

定型約款を契約の内容とすることに合意している

要件②

定型約款の準備者が、あらかじめその定型約款を契約の内容とすることを
相手方に表示していた

まとめ

☐ 定型約款は契約を効率的に締結するためのもの
☐ 要件を満たせば、個別の条項にも合意したとみなされる

定型約款の条項が無効と
判断されるケース

● 民法や消費者契約法に基づいた約款を作成する

　ECサイト事業者として、消費者との契約の内容になる約款の作成は必須事項です。**約款は事業者側で自由に作成できますが、法律に基づかない条項は無効**とされる場合があります。民法では、P.48で取り上げた定型約款について、信義誠実の原則に反して相手方の利益を一方的に害すると認められる条項は合意をしなかったものとみなします。

　また、BtoCビジネスをするECサイト事業者にとっては無視できない法律が消費者契約法です。同法第8条では、事業者が契約内容を守れなかった場合、消費者に損害を与えてしまった場合、契約のサービスや商品に何らかの欠陥があった場合の**事業者の責任を制限する条項について規制**しています。

　たとえば、特定の事項について事業者が損害賠償責任を負わないと定めても、実際に消費者に損害が発生して損害賠償請求をされると、裁判では消費者契約法に違反した規定として無効とされる可能性があります。

　さらに同法では、**キャンセル料等の金額について平均的な損害額を超える部分は無効、支払遅延による利息については年率14.6%を超える部分は無効**と定めています。また、信義誠実の原則に反して消費者の利益を一方的に害する条項は無効としています。

　このようなリスクに留意し、定型約款の作成にあたっては、ECサイト運営の円滑さを確保しつつ、利用者に対して公平性の視点をもって作成することが重要です。

● 約款を規制する法律の例

	該当箇所	条文
民法	第548条の2 第2項	相手方の権利を制限し、又は相手方の義務を加重する条項であって、その定型取引の態様及びその実情並びに取引上の社会通念に照らして第1条第2項に規定する基本原則（注：信義誠実の原則）に反して相手方の利益を一方的に害すると認められるものについては、合意をしなかったものとみなす
消費者契約法	第8条	事業者の責任を制限する条項についての規制
		事業者が契約内容を守れなかった場合や事業者の行為によって消費者に損害を与えてしまった場合、または契約のサービスや商品に何らかの欠陥があった場合における事業者の責任を制限する条項等について無効となる場合を規定

第9条

キャンセル料等の金額についての規制

第1号	消費者の契約解除について「同種の消費者契約の解除に伴い当該事業者に生ずべき平均的な損害の額を超える」キャンセル料等を規定したとしても、当該平均的な損害額を超える部分についての条項は無効
第2号	支払遅延による利息は、年14.6％を超える部分は無効

第10条

消費者の利益を一方的に害する条項の無効

信義誠実の原則に反して消費者の利益を一方的に害する条項は無効

まとめ

- □ 法律に基づいた約款や利用規約の作成が必須
- □ サイト運営側に一方的に有利な規定は無効になるリスクあり

定型約款の変更で
守らなければならないルール

● 要件を満たせば個別の合意が不要な場合もある

ECサイトの約款は将来的に変更する可能性があることを考えて
作成します。運営後に抜け穴に気づいたり、新たな犯罪リスクが発
生したりした場合に、約款を見直す必要が出てくるからです。

定型約款の変更では、ユーザーの同意が原則必要です。ただし、
一定の要件を満たす場合は個別に合意をすることなく契約の内容を
変更できます。

まず、定型約款の変更が**相手方（ユーザー）の一般の利益に適合
すること**、または**契約をした目的に反せず、かつ合理的なものであ
ること**のいずれかを満たす必要があります（合理的かどうかの判断
については、利用規約においてその変更の要件や手続を定めた条項
があるか、その条項に従っているか、なども考慮されます）。

次に手続として、**定型約款を変更する旨、変更内容及び変更の効
力発生時期の周知**が必要になります。周知の手段としては、サイト
内の見やすい場所に告知する方法やメールで配信する方法などが挙
げられます。

また周知は、ユーザーに有利な変更を除き、変更の効力が発生す
る時期までに完了しなければならず、それまでに完了しなかった場
合は定型約款の変更は有効とはなりません。

たとえ法律的に問題がなくても、消費者にとって不利な変更を行
えば、SNSなどで炎上する可能性もあります。今まで以上に慎重に
対応しましょう。

● 定型約款を個別にユーザーと合意することなく変更するための要件

種別		要件
実体的要件	①	定型約款の変更が「相手方の一般の利益に適合する」 【例】利用料金の減額、ユーザーに何らかの権利を与える、サービスの拡大
	②	定型約款の変更が以下の要件を満たす ◎契約をした目的に反しないこと ◎以下の事情に照らして変更が合理的である 　・変更の必要性 　・変更後の内容の相当性など
手続的要件	①	変更の効力の発生時期を定めている
	②	効力の発生時期までに以下の周知が完了している ・変更する旨 ・変更後の内容 ・効力の発生時期

● 定型約款をユーザーの同意を得て変更する方法

【例①】
＊変更後に初めてサイトを訪問した際に、利用規約の変更の告知を強制的に表示し、「利用規約の変更に同意する」ボタンやチェックボックスにチェックを入れないとサイトに入れないようにする

【例②】
＊変更後に初めてサイトを利用（商品の購入など）する際に、利用規約の変更の告知を表示し、「利用規約の変更に同意する」ボタンやチェックボックスを利用して、確実に同意したうえで申込・購入画面に進めるようにする

まとめ
□ ユーザーの利益に沿わない変更は、原則として改めて同意が必要
□ 法律的に問題がなくても、消費者側に不利な変更は慎重に行う

利用規約には、事業者が定める
ユーザーとの取決めを記載する

● 利用規約はECサイトの利用におけるルールブック

　ECサイトでは、数多くいるユーザーの一人ひとりとの間で個別に契約書を作成するのは現実的ではありません。それを解決するのが利用規約です。**利用規約は多数のユーザーと企業との間で結ぶ取決めであり、契約の内容**になるものです。ECサイト運営において、ユーザーとのトラブルを回避するためには、それぞれのサイトの運用形態に合わせた利用規約の作成が必要不可欠です。

　作成した利用規約を有効なものにするためには、ユーザーが利用規約に同意したうえでサイトを利用できるようにしなければなりません。たとえば、①サイト上に事前に利用規約を掲載する、②申込や会員登録より前に確認できる場所に配置する、③規約に同意する旨のチェックボックスやボタンを利用し、確実に同意した上で申込や注文に進めるようにする、④利用規約に最後まで目を通してからでないと次に進めないようにする、などの工夫をしておき、問題が発生したときに「利用規約など見ていない」「そのようなことは知らなかった」ということのないように準備しておくことが大切です。

　利用規約が「定型約款」（P.48参照）に該当する場合は、定型約款に関する民法の規定が適用されることになります。特に、利用規約の変更手続についての項目は、定型約款の規定を意識して策定しましょう。また、キャンセル料や損害賠償などの項目で消費者の利益を一方的に害する規約内容にしてしまうと、民法の定型約款の規定に加えて、消費者契約法によっても無効とされてしまうので注意が必要です。

● 利用規約の記載事項（例）

記載事項	内容
目的	利用規約に法的拘束力を持たせるため、サービスの利用には利用規約への同意が必要であることを明記
定義	利用規約で使用する用語を正確に定義
サービスの内容	利用者に対して提供するサービスの内容を、可能な限り具体的に記載
利用料金と支払方法	利用料金と支払方法及び支払のタイミングを明確に記載
遵守事項	ユーザーが守るべきこと、してはならないことをできる限り具体的に記載
権利の帰属	サービスの利用に伴い発生したコンテンツについて、著作権等の権利が誰に帰属するかについて規定
利用規約の変更	利用規約が定型約款に該当する場合は、民法の定型約款の変更に関する規定の内容に従った内容にする
サービス提供の停止・終了に関する事項	事業者の状況により、サービス提供を停止・終了する事態も想定されるため、その旨を利用規約に記載
損害賠償	自社の損害賠償リスクが過大にならないよう工夫するが、事業者の損害賠償責任の全部を免除する条項や、事業者に責任の有無を決定する権限を付与する条項、事業者に生ずべき平均的な損害額を超えるキャンセル料等、消費者の利益を一方的に害する内容の規定は、民法及び消費者契約法により無効となる場合があるので注意
反社会的勢力の排除	コンプライアンスの観点から反社条項についても定めておく
合意管轄・準拠法	トラブルが発生した場合に備え、第一審の専属的合意管轄裁判所及び準拠法を定める。日本企業の場合は、本店所在地を管轄する裁判所及び日本法としておくとよい

まとめ

☐ 自社のリスクをできるだけ低くする契約の締結が重要
☐ ユーザーが事前に利用規約を確認し同意できるように工夫する

プライバシーポリシーでは
個人情報の利用目的に注意する

◉ 作成は義務ではないが、実務上は必須

　プライバシーポリシーは個人情報保護方針とも呼ばれ、個人情報の取得・利用・管理・提供・開示・訂正等の手続などについて定めたものです。ECサイトの運営では、商品購入者の名前や住所、電話番号といった個人情報を取り扱います。プライバシーポリシーの表示は欠かせないものと考えてよいでしょう。

　一方で、じつはプライバシーポリシーの策定と公表は、法令上の義務ではありません。しかし、**個人情報保護法**（個人情報の保護に関する法律）で、「個人情報取扱事業者は、個人情報を取得した場合は、あらかじめその利用目的を公表している場合を除き、速やかに、その利用目的を、本人に通知し、又は公表しなければならない」と定められています。しかし、取引に伴い、事業者が個人情報を取得の都度、本人に利用目的を通知するのは現実的ではありません。そこで大多数の事業者が、**プライバシーポリシーや個人情報保護方針で「あらかじめその利用目的を公表」**し、個人情報保護法の要請に応えているのです。

　プライバシーポリシーはこのような役割を持っているため、自社サイトの見やすく、かつ確認しやすい場所に配置する必要があります。サイトのサービス利用申込時に、利用規約と同時にプライバシーポリシーについての同意も得るようにしましょう。

　一つ注意したいのは、個人情報の利用目的をよく考えずに記載してしまうと、**あとで記載内容と異なる目的で利用したい場合に困る**ことです。さまざまな可能性を考えて記載内容を決めましょう。

▶ クーリング・オフと法定返品権の違い

クーリング・オフ	返品特約の有無、表示の有無にかかわらず、一定期間内であれば、無条件で返品が可能

法定返品権	商品の到着後、8日以内であれば、返品できる制度だが、返品特約が広告に表示されていれば、消費者からの一方的な返品は認められない

特定商取引法で規定されている、消費者を保護するための制度

返品特約に必要な内容

・返品を認めるか否か
・返品を認める場合には、それが可能である期間等の条件
・返品に必要な費用の負担の有無

▶ 特定商取引法における返品特約の表示方法

・消費者にとって見やすい箇所に配置し、明瞭に判読できるように表示すること
・消費者にとって容易に認識することができるように表示すること

画面例

商品番号
○○○○○
数量　1

カートに入れる

※原則○日以内まで返品可（送料はお客様負担）
　　　　　　　　　　詳細はこちら

ご利用ガイド
・○○○○○○○○○
　○○○○○○○○○
・返品に関するお知らせ
　○○○○○○○○○
・○○○○○○○○○
・○○○○○○○○○
・○○○○○○○○○

まとめ

☐ クーリング・オフは対象外、法定返品権が適用
☐ 返品特約は広告だけでなく、最終確認画面にも表示

消費者を保護する法律により
不当な契約や不当条項は無効になる

● 消費者を保護する「消費者契約法」

　民法の「契約自由の原則」により、契約は当事者が内容を自由に決められることが大原則です。しかし、情報や知識などの格差から消費者が一方的に不利益を被ることがあってはなりません。特にECサイトの取引は、消費者と非対面かつ画一的に行われます。契約に際して細かな確認などがしづらいため、事業者と消費者間で契約内容をめぐるトラブルが発生しがちです。

　こうしたトラブルを未然に防いだり、解決したりするために、法律面で留意する必要があるのが**消費者契約法**です。同法は消費者の利益を保護するために作られた法律です。不当な勧誘による契約の取消しや、消費者の利益を一方的に害するような契約条項の無効などを規定しています。

　また、2020年4月1日に施行された改正民法でも、**定型約款に関する規定**が新設され、不当条項については契約内容に取り込まれないとされています。

　さらに、2022年4月1日から民法の改正によって、成人年齢が20歳から18歳に引き下げられました。それに伴い、よりいっそうの消費者保護・救済を目的に、2022年5月に**消費者契約法及び消費者の財産的被害の集団的な回復のための民事の裁判手続の特例に関する法律の一部を改正する法律**が成立しています。

　同法の詳細はP.70で説明しますが、消費者がより安全・安心に取引できるようにルールが変更・追加されました。事業者は契約内容や利用規約の策定、契約締結にあたり、さらなる注意が必要です。

▶ 改正民法の「定型約款」に関する規定

2020年4月 改正民法の施行

「定型約款」のルール化

定型約款の要件

要件① 不特定多数の消費者を相手とする取引で
あること
要件② 取引の内容の全部または一部が画一的である
ことが、双方にとって合理的であること
要件③ 契約の内容とすることを目的として
事業所側が準備したものであること

ECサイトの
「利用規約」も
該当する！

▶ 消費者契約法とは

EC事業者

消費者

情報量・知識量ともに
事業者のほうが圧倒的に有利

立場的に弱い消費者を守るための法律として
消費者契約法が制定された

たびたび改正
されるので、常に
情報を把握
しておくこと

まとめ

☐ 消費者契約法の目的は消費者の利益保護
☐ 成人年齢引下げで、一層の消費者保護・救済が求められている

EC事業者が留意すべき
消費者契約法改正のポイント

● 事業者が注意すべき消費者契約法の改正

　「消費者契約法及び消費者の財産的被害の集団的な回復のための民事の裁判手続の特例に関する法律の一部を改正する法律」（P.68）の施行は2023年6月1日です。留意すべき改正点は次の5つです。

　1つ目は、**契約の取消権の追加**です。事業者が消費者に「困惑」を生じさせる不当勧誘行為を行った場合、消費者はその契約を取り消せるという規定です。非対面式のECビジネスでは適用される場面は少ないと思われますが、頭に入れておきましょう。

　2つ目は、**解約料の説明の努力義務**です。事業者が消費者に対して中途解約に伴う損害賠償額や違約金を定めている場合、その算定根拠の説明が求められるようになりました。

　3つ目は、**免責の範囲が不明確な条項の無効**です。利用規約等で事業者の損害賠償責任の一部を免除する条項を設けている場合、軽過失による行為にのみ適用されることを明確にしていないと、その条項は無効となります。

　4つ目は、**事業者の努力義務の拡充**です。「解約手続きを簡単にする」「契約条項に定型約款を使用する場合、消費者が定型約款の内容を容易に知ることができるようにする」「適格消費者団体（消費者の代わりに訴訟を行う団体）からの不当条項を含む契約条項などの開示・説明要請に応じる」ことなどが努力義務とされています。

　5つ目は、**消費者裁判手続特例法の改正**です。制度の対象範囲の拡大、手続の柔軟化などが図られ、消費者裁判手続の利用が増える可能性があります。

● 消費者契約法改正のポイント

改正点	ポイント
契約の取消権の追加	消費者による契約の取消が、以下の場合には可能になる ①勧誘することを告げずに退去困難な場所へ同行し、勧誘した場合 ②威迫する言動を交え、相談の連絡を妨害した場合 ③契約前に目的物の現状を変更し、現状回復を著しく困難にした場合
解約料の説明の努力義務	解約料について、事業者は以下の努力義務を負う ①消費者契約の解除に伴う損害賠償額を予定し、または違約金を定める場合、消費者からの要請に応じて、損害賠償額予定または違約金の算定の根拠を説明すべき努力義務を負う ②適格消費者団体との関係では、事業者は当該予定額が同種の消費者契約の解除に伴い生ずる平均的な損害の額を超えると疑うに足りる相当の理由がある場合には、当該団体からの求めに応じて、予定額の算定根拠を説明すべき努力義務を負う
免責の範囲が不明確な条項の無効	利用規約等の免責規定において、事業者の損害賠償責任の一部を免除する条項を設けていても無効になる場合がある ◎無効となる例 「法令に反しない限り、1万円を上限として賠償します」 （軽過失による行為のみ適用されることが明示されていない） ◎有効となる例 「軽過失の場合は1万円を上限として賠償します」
事業者の努力義務の拡充	◎解約手続きについての努力義務 サブスクリプション形式でのサービスや商品の提供を行っている場合をはじめ、解約手続きをしやすくするためのしくみづくりや配慮が求められる ◎定型約款の表示請求権に関する情報提供の努力義務 事業者が消費者との間で使用している契約条項の内容を、消費者が容易に知ることができる状態にする ◎適格消費者団体の要請への対応についての努力義務 適格消費者団体の要請に応じて、不当条項を含む契約条項・差止請求に係る措置の開示請求及び解約料の算定根拠の説明要請に応じる
消費者裁判手続特例法の改正	制度の対象範囲の拡大、手続の柔軟化など。これまでより、消費者裁判手続が利用されやすくなる

まとめ

☐ 消費者の被害を救済しやすい、利用しやすい制度へと改正
☐ 事業者の免責の範囲が不明確な条項は無効となるので注意

インターネットショッピングモール
運営者の責任の範囲

◉ 状況によって運営者が責任を問われるケースもある

　オンラインショッピングモールでは出店者と利用者間でトラブルが発生することがあります。その際、ショッピングモールの運営者は責任を負うのでしょうか。運営者・出店者・利用者の関係から見ていきましょう。

　運営者と出店者の関係は、ショッピングモールへの**出店契約**です。運営者は出店者に店舗や場所を提供し、かかる料金などの出店契約の内容は、ショッピングモールの運営方式によって異なります。

　出店者と利用者の関係は、商品・サービスの取引における売買契約です。**利用者がショッピングモールで商品を購入したときの契約は、基本的に運営者とではなく出店者との契約関係**になります。

　そして、運営者と利用者の関係は個人情報の取扱いやショッピングモールの利用方法などの部分に限られています。利用者はショッピングモールの利用規約に合意して、利用登録を行います。個々の売買契約には、原則として運営者は関係しません。

　しかし、**状況によっては運営者が責任を負わなければならないケース**もあります。具体的なケースとしては、右ページのような例が挙げられます。

　このようなトラブルをできる限り事前に防止するため、運営者は、出店者から利用者とのトラブルがあれば報告してもらい、また出店者の状況についても運営者の立場として定期的に調査を実施するなど、自ら運営するショッピングモールの健全な運営に向けたシステムを構築することが重要です。

● ショッピングモール運営者・出店者・利用者の契約関係

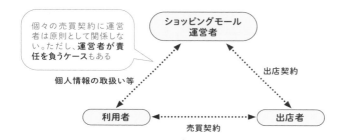

個々の売買契約に運営者は原則として関係しない。ただし、**運営者が責任を負うケース**もある

ショッピングモール運営者

出店契約

個人情報の取扱い等

利用者 ◀┈┈┈┈▶ 出店者

売買契約

● ショッピングモール運営者が責任を負うケース

ケース1
ショッピングモールの店舗が運営者自身による営業であると利用者が誤って判断し、その責任が運営者にある場合

┈┈▶ 利用者が売主を誤解したことに重大な過失がない限り、運営者が責任を負う場合がある

ケース2
出店者により問題のある商品の販売が行われていることを知っていて放置していた結果、利用者に損害が生じた場合

┈┈▶ 運営者が不法行為責任、または利用者に対する注意義務違反によって責任を問われる場合がある

ケース3
運営者が利用者に対し、単なる情報提供や紹介を超えて、特定の商品の品質を保証するなどしていた場合

┈┈▶ 該当商品の購入によって生じたトラブルや損害について、運営者が保証に基づく責任を負う場合がある

ケース4
利用者が代金を前払いして商品を購入したのに、商品が送られてこないまま店舗が破産してしまった場合

┈┈▶ ショッピングモールの利用規約によって異なるが、運営者が補償制度を設けており、利用されていれば返金に応じる必要がある

まとめ
☐ モール運営者は、個々の売買契約には原則として関係しない
☐ 状況によってはモール運営者が責任を負う場合もあるので注意

ユーザー間取引における
トラブルへの対応

● ノークレーム・ノーリターン特約は無効になる場合もある

　ヤフオク!などのプラットフォーム上の取引は、誰でもすぐに売買に参加できる手軽さの半面、トラブルも多発しています。EC事業者がこのようなプラットフォームを利用する際に気をつけなければならないのが、**ノークレーム・ノーリターン**の表示です。

　ノークレーム・ノーリターンは、民法上の売買契約における特約の一つで、「**商品に不満があっても苦情や返品等はできないことを了承したうえで購入してください**」という売主から買主への意思を表示した文言のことです。ECサイト上では、画像と文字情報などに基づいて購入をするため、「思っていたものと違った」「予想していたよりも、商品の状態が悪かった」などのクレームや返品を受けやすく、その防止のために提示されるものです。

　この特約は、当事者間の合意があれば原則として有効ですが、場合によっては無効になることもあります。たとえば、売主が商品に傷や汚れなどの**瑕疵があることを知っていたにもかかわらず、隠していた場合**です。また、売主が事業者、買主が消費者のケースで、**特約が事業者の責任をすべて免除するものだった場合は、消費者契約法**によって無効になることがあるので注意が必要です。

　トラブルを生じさせないためには、売主なら商品ページにノークレーム・ノーリターン特約があることをわかりやすく表示することが大切です。表示が小さかったり、買主が特約に同意したとかどうか判断が難しかったりする場合には、認められない可能性があります。また、商品に関する情報を適切に提供しておくことも重要です。

● ノークレーム・ノーリターンの記載が無効になり得るケース

ケース1

売主が商品に傷や汚れなどの瑕疵があることを知っていたにもかかわらず、これを隠していた場合

ケース2

ノークレーム・ノーリターン特約の記載がない、記載があっても小さくてわかりにくいなど、買主が同意したか判断が難しい場合

ケース3

売主が事業者で、買主が消費者のケースで、事業者の責任をすべて免除するような場合

● ノークレーム・ノーリターン特約でトラブルにならないためには

回避のポイント①
表示の方法

商品ページに、ノークレーム・ノーリターン特約があることをわかりやすく表示する。文字が小さすぎたり、わかりにくい箇所に表示していないか確認

回避のポイント②
商品情報の提供

製造年月日や消費期限、賞味期限などがある場合は、その年月日を記載するなど、商品に関する情報を適切に提供する

回避のポイント③
瑕疵の告知

品質の劣化や傷や汚れなどの瑕疵がある場合は、その旨を表示する。適切に表示しておけば、隠れた瑕疵ではないと主張しやすくなる

● ● ● ●

しっかり特約を表示しておけば、特約が無効となる
リスクが下がり、トラブル回避につながる

※ノークレーム・ノーリターンの表示を規約で禁止しているプラットフォームもあります

まとめ

☐ ノークレーム・ノーリターンは、売買契約における特約の一つ
☐ トラブル回避には、明確な特約表示と適切な商品情報の提供が重要

ECサイトで「サービスを売る」ときの注意点

● 特定商取引法の「特定継続的役務」に該当するか否か

ECサイトで提供する語学教室などのサービスは、特定商取引法の特定継続的役務に該当する場合があります（右ページの7つ）。

"役務"とはいわゆるサービスのことで、**特定継続的役務は政令で定められた指定役務を、一定期間、一定金額を超える対価によって提供**することです。一定金額については5万円が基準となっており、指定役務でも5万円を超えなければ特定継続的役務提供とはなりません。

特定商取引法では特定継続的役務を提供する際、消費者に対して**契約書面**と**概要書面**を交付することが義務付けられています。しかし、これらの書面交付義務は、あくまで特定継続的役務を提供する場合に限られています。特定継続的役務に当たらないサービスについては、交付は義務付けられていません。

また、特定継続的役務提供では、消費者は法律で決められた書面を受け取った日から数えて8日以内であれば、契約の解除（クーリング・オフ）をすることができます。

加えて特定継続的役務提供の際、消費者が購入する必要があるものとして政令で定められた関連商品も、クーリング・オフや中途解約が可能です。

特定継続的役務を提供する事業者は、不要なトラブルを避けるためにも、事前に十分な説明を行い、事業者側、顧客側双方にとって、納得のできる契約を結びましょう。

▶ 特定継続的役務の種類

指定役務	期間	金額
エステティック	1カ月を超えるもの	
美容医療		いずれも5万円を超えるもの
語学教室	2カ月を超えるもの	
家庭教師		
学習塾		
パソコン教室		
結婚相手紹介サービス		

5万円以下のサービスは民法などの一般法によって規律される（クーリング・オフは対象外）

▶特定継続的役務における禁止行為

誇大広告の禁止

著しく事実に相違する表示や、実際のものより著しく優良もしくは有利であると誤認させるような表示は禁止

事実の不告知

契約の締結について勧誘を行う際、故意に事実を告げないことは禁止

不実の告知

契約の締結について勧誘を行う際、または締結後、その解除を妨げるために事実と違うことを告げることは禁止

威迫・困惑

契約の締結について勧誘を行う際、または締結後、その解除を妨げるために相手を威迫して困惑させることは禁止

▶ 特定継続的役務提供においてクーリング・オフの対象となる関連商品（例）

語学教室、家庭教師、学習塾の場合

・書籍（教材を含む）
・カセットテープ、CD、CD-ROM、DVDなど
・FAX機器、テレビ電話

結婚相手紹介サービスの場合

・真珠、貴石、半貴石
・指輪その他の装身具

まとめ

☐ 指定役務の7つが「特定継続的役務」に該当（期間と金額の要件あり）
☐ 特定継続的役務提供では、書面交付義務や禁止行為に注意

個人情報取扱事業者は
情報漏えいに万全の対策を

● 社会的信頼を得るためにも個人情報は徹底管理を

　個人情報保護法により、個人情報を取り扱う企業であれば、**EC事業者も含めてすべての企業が「個人情報取扱事業者」**となります。そして、**個人情報取扱事業者にはその取扱いについて一定の義務が**課されています。個人情報保護法に違反した場合、行為者に加え、法人にも罰金刑が科される可能性があります。

　2014年にベネッセコーポレーションの2,000万件以上の顧客情報（個人情報）が外部に流出した事件を覚えているでしょうか。同社は被害に遭った顧客全員にお詫びの金券を送付するなど、巨額の損失を発生させただけでなく、社会的な信用にも傷をつけました。個人情報の取扱いについては慎重にならなければなりません。

　個人情報取扱事業者には、個人情報の適切な取扱いについて、右ページに記載のとおり、守るべき5つのルールが課されています。たとえば、「保管・管理について」では、情報の保管や管理の体制やルールに加えて、個人情報の取扱いを他に委託する場合は委託先を適切に監督し、情報の安全管理の徹底を求めています。また、「漏えいが発生した場合について」では、漏えいが発覚した場合に報告が義務付けられています。

　個人情報の保護は企業にとっての重大な責務です。就業規則に個人情報保護に関する規定を加えるなど、会社全体で個人情報保護について意識を高めておきましょう。マニュアルを作成するなど、情報漏えいが起きてしまったときの対応も含めて**社内のルールを徹底し、危機管理に関する環境を整備**していくことが重要です。

● 個人情報に含まれるもの

特定の個人を識別できるもの

| 氏名 | 性別 | 生年月日 |

| 住所 | 電話番号 | メールアドレス |

など

個人の身体のデータ

| 顔認証データ | 指紋 | 声紋 |

| 姿勢・顔立ち | DNA | 音声データ |

など

公的な番号

| 免許証番号 | マイナンバー | クレジットカード番号 |

など

要配慮個人情報

| 人種 | 病歴 | 信条 |

など

● 個人情報取扱事業者が守るべき5つのルール

1 取扱・理由について

○個人情報を、偽りの等の不正な手段によって取得してはならない

○利用目的を具体的に特定し、本人に通知または公表したうえで、その範囲内でのみ利用すること

○違法または不当な行為を助長する等の不適正な方法により個人情報を利用してはならない

2 保管・管理について

○第三者に提供する場合は、あらかじめ本人の同意を得ること

○第三に提供した場合、及び第三者から提供を受けた場合は、「いつ・誰の・どんな情報を・誰に提供もしくは誰から提供」などについて記録し、個人情報保護委員会規則で定める期間、保有すること

3 提供について

○個人データ（個人情報データベース等を構成する個人情報）を正確かつ最新の内容に保つとともに、利用する必要がなくなったときは個人データを消去するように努めること

○「紙媒体の書類は施錠可能な引き出しに保管する」、「パソコンで管理する場合はファイルにパスワードを設定する」など、個人情報取扱いのルールを定め、従業員に周知・教育を行い、漏えい・紛失または毀損が生じないよう安全に管理すること

○個人情報の取扱いを委託する場合は、委託先を必要かつ適切に監督し、安全管理の徹底を求めること

4 開示請求について

○本人からの開示等の請求があった場合は対応すること（保有個人データの開示方法は、電磁的記録の提供を含め、本人が指示できる）

○苦情等に適切かつ迅速に対応すること

5 漏えいが発生した場合について

○下記の要件に該当する場合、漏えい等の報告をしなければならない

①要配慮個人情報が含まれる個人データの漏えい等、またはそのおそれ　②不正に利用されることにより財産的被害が生じるおそれがある個人データの漏えい等、またはそのおそれ　③不正の目的をもって行われたおそれがある個人データの漏えい等、またはそのおそれ　④民間事業者の場合、個人データに係る本人の数が1000人を超える漏えい等、またはそのおそれ

まとめ

☐ 個人情報に関する管理や扱いのルールを徹底する

☐ 情報が漏えいした時の対応など、危機管理の環境を整備

情報漏えいを防止する
セキュリティ対策

● システムの脆弱性への対応や情報管理のコストを見極める

情報漏えいは人為的ミスによるもの以外に、サイバー攻撃による
サーバーへの不正アクセスなど、外部要因による漏えいもあります。
こうした漏えいを防ぐために、しっかりした**セキュリティ対策が施
されたプログラムを使用**することが大切です。

自社で製作した独自のシステムは、EC サイトの一つのステータ
スといえるかもしれませんが、その半面で個人情報の管理だけでな
く、システム自体の管理も必要になり、人手やコストがかかります。

EC サイトにおいて、個人情報に関する管理を簡素化するなら、
**ASP（アプリケーション・サービス・プロバイダ）型のショッピン
グカートの利用**が有効です。利用料はかかりますが、新たな脆弱性
が見つかった場合やシステムトラブルに対し、専門知識を持ったサー
ビス事業者が対応してくれるのは大きなメリットです。

どんなに万全の対策を講じていても、情報漏えいが起きるリスク
は常にあります。セキュリティ対策が施された製品やサービスを積
極的に活用することでリスクを最小限に抑えることができます。

そのほか、サーバーにはファイアウォールやアンチウイルスソフト
などを導入して細心の注意を払い、日常の管理業務に使う PC にも、
それぞれ適したセキュリティ対策を導入しておく必要があります。

万一、情報漏えいの事故が生じてしまった場合に、事業者の責任
の程度は、事業者の過失、すなわち注意義務違反の程度によって決
まります。事業者が果たすべき注意義務の内容として、情報セキュ
リティ対策をしっかり行っておきましょう。

● セキュリティ対策の注意点

▼プログラム

- ✔ アプリやシステムを最新版にアップデートしておく
- ✔ 脆弱性を見極められるチェック体制の整備

▼管理画面

- ✔ 閲覧についての管理体制の整備
- ✔ 管理する従業員の教育

▼クレジットカード情報などの管理

- ✔ セキュリティレベルを上げる
- ✔ 社内のパソコンにアクセス制限をかける
- ✔ アクセスした個人を特定できるようにする
- ✔ ユーザーID、パスワード等についても徹底管理する

▼個人情報の管理

- ✔ オフラインの環境に保管する
- ✔ アクセス権を制限する
- ✔ 個人情報削除には、簡単に復元できない手段を利用する
- ✔ 情報を記録した機器や電子媒体の廃棄にはデータ削除ソフトウェアの利用や物理的な破壊手段をとる

● 利用するシステムの比較

システム	メリット	デメリット
自社開発システム	・ECサイトとしてのステータスを得られる ・自社ですべてを完結できる	・クレジットカードなどの支払情報など、自社で管理すべき情報が多い ・プログラム自体を管理する必要性が生じる ・多額の初期費用がかかる
ASP型 ショッピングカート	・自社で管理すべき情報の量を最小限に抑えられ、情報管理を簡素化できる ・新たな脆弱性やシステムトラブルに専門知識を持ったサービス事業者が対応してくれる ・SSL、トークン決済などに対応したセキュリティの高いサービスがある	・利用料がかかる ・サービスを停止されるおそれがある ・個人情報の取扱いを外部に委託することになる

ASP 型ショッピングカートとは？
消費者が商品をカートに入れ、注文を確定し、支払を行うまでの一連の処理を行う機能をもつシステム。EC サイトを構築するための機能が搭載されているものもある

まとめ

☐ 情報セキュリティ対策により、事業者としての注意義務を果たす

☐ アプリやプログラムは常に最新版にアップデートし、ASP型ショッピングカートの利用で情報管理を簡素化

情報漏えいを防止する
社員教育の必要性

● システムを扱う人の意識を教育する

　企業による情報漏えいの原因はさまざまですが、社外秘の情報を社外宛てのメールに添付して送信してしまったり、SNS の操作ミス、データが入ったノートパソコンや USB 端末を紛失したりするなど、悪意のない人為的ミスからの情報漏えいがたびたび発生しています。

　ほかにも、クラウドサービスや圧縮ソフト、ファイル共有ソフト、海賊版サイトなどによる PC のウイルス感染など、インターネット上にはさまざまな情報漏えいの危険が潜んでいます。特に海賊版サイトへのアクセスは、セキュリティ面でリスクにさらされる危険性が高く、アクセスした端末で不正なプログラムが自動的に動き出したという例もあります。会社の PC や社員が所有する**端末の業務利用（Bring Your Own Device=BYOD）**でこのようなことが起きると、個人情報や秘密情報の漏えいだけでなく、業務用のシステムが機能しなくなることも考えられます。また、退職者が転売目的で個人情報を持ち出すといった、意図的な人的要因による情報漏えいもよく耳にします。

　いくらシステムのセキュリティを高めても、それを**扱う担当者の意識しだいで、簡単に情報は漏えい**してしまいます。そのような事態を防ぐためには、個人情報・秘密情報の取扱いや、それらの入った PC の使用に関する手順等をマニュアル化し、ルールを周知徹底させるための**適切な社内教育を定期的に行う**必要があります。

　同時に、良好な職場環境を維持・向上させること、退職者との信頼関係を持続させることも重要な対策です。

● 個人所有端末の業務利用（**BYOD**）のメリットとデメリット

メリット
・コストを削減できる
・業務効率の向上を期待できる
・在宅での業務遂行が可能になる

デメリット
・情報漏えいのリスクが高くなる
・従業員の公私の切り替えが難しい

デメリットへの対応
・端末に必要なセキュリティ対策が施されているか確認
・業務で使用するアプリを会社が指定する
・端末への情報ダウンロードを禁止する

● 人的情報漏えいを防ぐための対応策

対応策 1
個人情報や秘密情報の取扱い、情報が入ったPCの使用手順のマニュアル化

対応策 2
ルールを周知徹底させる社内教育を定期的に行う

対応策 3
個人情報や秘密情報を記録したPCへのアクセス制限を行う

対応策 4
情報にアクセスした個人を特定できるシステムを導入する

対応策 5
個人情報や秘密情報を記録した媒体の社外持出禁止

対応策 6
従業員と秘密保持契約書を締結する

まとめ

☐ 意図の有無に関わらず、人為的ミスからの情報漏えいが多い
☐ システム対策とともに、ルールを周知徹底する等の安全管理措置が重要

違法な口コミやレビューへの
対応方法と手順

● 違法な書込みへの対応は弁護士に対応を依頼する

　対面での接客ができない EC ビジネスでは、インターネット上の口コミやレビューは重要です。しかし、事実と違っていたり、誹謗中傷のようなレビューを書かれたりした場合は、適切な対処が必要になります。まずは**投稿者に対してレビュー等の削除を要請**します。ただ、事業者側が直接連絡をすると、脅しと捉えられるような法的に不適切な内容だったり、「店舗が逆ギレしている」と投稿者に思われたりして炎上してしまうリスクがあります。そこで、**法的に削除を要請できる内容なのかを弁護士に相談**して適切な判断を行い、代理人を立てて削除要請をしてもらいましょう。

　投稿者が特定できない、あるいはプラットフォーム上のレビューページなどへの書込みで直接連絡できない場合は、**プラットフォームに報告**をします。ただし、購入検討者にとって良い評価も悪い評価もそれぞれに価値がある以上、プラットフォーム側も簡単には削除要請に応じてはくれません。そのような場合、報告した**投稿が違法な誹謗中傷だということを法的に説明した書面と資料**を揃えて、プラットフォームのしかるべき窓口に連絡する必要があります。それでも対応してもらえないときは、裁判を起こして削除要請する必要があります。

　EC ビジネスを手掛けていると、事実と違った低評価の投稿をされることはあります。誹謗中傷の対策として一番効果的なのは、誠実なビジネスで高評価のレビュー等をたくさん獲得し、それらの中に埋没させてしまうことです。

● レビュー等の削除までの流れ

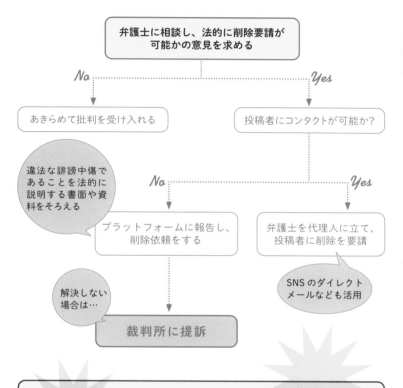

弁護士に相談し、法的に削除要請が
可能かの意見を求める

No ……… *Yes*

あきらめて批判を受け入れる

投稿者にコンタクトが可能か?

違法な誹謗中傷で
あることを法的に
説明する書面や資
料をそろえる

No ……… *Yes*

プラットフォームに報告し、
削除依頼をする

弁護士を代理人に立て、
投稿者に削除を要請

SNSのダイレクト
メールなども活用

解決しない
場合は…

裁判所に提訴

いずれの場合も、必ず削除できるとは限らない!

まとめ

☐ レビュー投稿者に店舗側が直接コンタクトをとるのは避ける
☐ 削除要請の可否については法的な判断が必要

パートナー企業と
各種契約を締結する

● 取引の最初に結ぶ秘密保持契約（NDA）の注意点

　EC 事業を行うためには、多くのパートナー企業と契約を締結する必要があります。たとえば、外部の EC サイト利用時の運営委託契約や出店契約、集客のための広告運用契約、商品の仕入れのための売買契約、商品を保管する倉庫の賃貸借契約、物流業者との運送契約などがあります。

　その中でも、最初に結ぶ機会が多いのは、**秘密保持契約（NDA）**でしょう。自社からパートナー企業に情報を開示して業務を依頼する際の NDA では、特に以下の点に注意する必要があります。

　1つ目は、**開示目的の記載**。目的の範囲を狭く定めることにより、相手方の秘密情報の利用を制限することが重要です。

　2つ目は、**秘密情報の範囲の設定**。秘密情報の範囲を広範囲とすることで、相手方に開示した情報のすべてを秘密情報の範囲に入れることが望ましいです。

　3つ目は、**秘密情報の管理体制の義務付け**。秘密情報の共有範囲が適切であるか、また、開示対象とされている第三者には秘密保持義務を負担させる内容となっているか、確認が必要です。

　4つ目は、**損害賠償の内容**。損害賠償の金額に上限が設けられていないかを確認し、万一の場合に情報漏洩によって被った損害が十分に補填されるよう、できる限り広範囲に規定します。

　これらを含め、注意事項を右ページにまとめました。企業は秘密情報の扱いをめぐってトラブルに直面することが多々あります。契約書作成の段階でリスクを検討し、適切な契約を目指しましょう。

● 秘密保持契約（NDA）のポイント

 開示目的の記載

目的の範囲を狭く定めることにより、相手方の秘密情報の利用範囲を制限する

 秘密情報の範囲の設定

秘密情報の範囲を広範囲とし、相手方に開示した情報のすべてを秘密情報の範囲に含める

 秘密情報の管理体制の義務付け

秘密情報の共有範囲が適切であるか、開示対象とされている第三者には秘密保持義務を負担させる内容となっているか確認

 損害賠償の内容

損害賠償の金額に上限が設けられていないか確認。万一の場合に情報漏洩によって被った損害が十分に補填されるよう規定

 秘密情報の返還・破棄

必要な期間を超えて秘密情報の保有を認めることがないよう、秘密情報の返還・破棄について規定

 秘密情報の不正利用の差止め

目的の範囲を超えた不正利用を禁止し、これに該当する場合には、差止請求等ができるように規定

 秘密保持義務の有効期間

開示を予定している情報が陳腐化するまでの期間を想定し、秘密保持義務の効力を維持する期間を設定

 紛争解決や準拠法

万一紛争となった場合に有利に解決できるよう、紛争解決地や仲裁合意について規定。海外の事業者と契約する場合は準拠法を日本法にする

まとめ

☐ パートナー企業への情報開示前に、秘密保持契約を結ぶ
☐ 契約書作成の段階でリスクを検討し、適切な内容にする

Part **3**

ECビジネス運営・サービス展開の注意点

ECにおける決済方法の
トレンドと法律

● エスクローサービスや決済代行会社の利用がトレンド

ECサイトに欠かせないのが「決済サービス」です。便利な決済サービスを用意できればユーザーに対してサービス価値を上げることになりますが、一方で法律上の登録が必要になる場合もあります。

最近のECサイトでは、エスクローサービスの利用が普及しています。これはエスクロー事業者がいったん代金を預かり、商品が引き渡されたときに決済されるサービスで、ユーザー・事業者ともに安心して取引ができるということで人気があります。ただし、このサービスを導入する場合、**資金決済法**（資金決済に関する法律）上の登録をしなければならない可能性もあります。その場合はさまざまな義務が生じるため、注意が必要です。

また、ECサイトでの決済には、クレジットカードのほかにも、携帯電話の通話料などとともにまとめて支払うキャリア決済や電子マネー、キャッシュレスペイ、コンビニ払いなど、数多くの方法があります。これらのサービスを個別に導入するのは手続が煩雑になります。そのような場合は**決済代行会社**と呼ばれる事業者と契約すれば、まとめて複数の決済手段を導入できます。

さらに、サイトの信用性を高めるため、不正利用の防止も重要です。**本人認証（3Dセキュア）**の利用、**属性・行動分析（不正検知システム）**の利用、またクレジットカード決済では**セキュリティコード**の利用なども必須でしょう。複数の対策をとることで信用性が高まります。さらに自衛手段として、不正注文の配送先情報の蓄積も行っておきましょう。

● エスクローサービスのしくみ

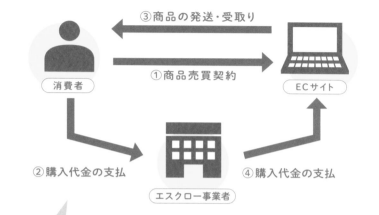

消費者（買主）はエスクロー事業者に代金を支払い、商品の到着後にエスクロー事業者からEC事業者（売主）へ支払われるしくみのため、商品が未着のまま決済だけが進行するようなことにはならない。エスクロー事業者が介在することで、同時決済が可能になっている

● 決済サービスを利用する際の資金決済法のポイント

ポイント 1

EC事業者がエスクローサービスを導入するには、資金移動業者の登録が必要な場合がある

ポイント 2

資金移動業者に該当しない形で収納代行を行うしくみについても、利用規約や運用の工夫によって実現の余地がある

まとめ

☐ エスクローサービス導入で消費者と事業者双方がリスク回避
☐ 決済代行会社を利用すれば多彩な決済方法の導入が可能に

PL法の基本を
おさえよう

● EC サイトの事業者も製造物責任を負う場合がある

　EC サイトで販売した商品が原因で事故が起きた場合、製造会社だけでなく、EC サイトを運営している会社も **PL 法**（製造物責任法）に基づく責任を負う可能性があります。

　PL 法とは、被害者の保護を図る法律で、製造物の欠陥によって損害が生じた場合の製造業者等の損害賠償責任が定められています。PL 法における製造物とは、「製造又は加工された動産」とされています。よって、自社で製作したものを EC サイトで販売していれば、もちろん PL 法の対象になります。

　PL 法の責任を負う製造業者について注意したいのが、海外から輸入した商品を販売している場合も、製造業者に含まれる点です。実際に製造に関わっていなかったとしても、**商品に製造業者として会社名等を表示した場合は PL 法の対象**となります。また、**会社名や自社商標を商品に表示しただけでも、製造業者と誤認される状態であれば、PL 法の対象**とされる場合もあります。本当の製造業者が並記されていたとしても、責任を免れない可能性もあるので注意が必要です。自社のプライベートブランド製品に自社名を表示したりロゴを表示したりするときには気をつけましょう。

　また、EC 事業者が商品の設計や製造工程において指示を与えた場合も、その関与の深さに応じて責任を負う可能性もあります。

　PL 法は、基本的には製造業者の責任を定める法律ですが、場合によっては EC 事業者も責任を取らなければならないこともあるので注意が必要です。

● PL法における製造物

対象となるもの	対象とならないもの
製造又は 加工された動産 人為的な操作や処理が加えられ、 引き渡された動産	不動産、電気、 ソフトウェア、 未加工農林畜水産物 ※ただし、ソフトウェアを組み込ん だ製造物は対象となる場合がある

Part 3 ECサイト運営・サービス展開の注意点

● PL法に基づく責任の区分

責任の区分	条件	EC業者が注意すべき場合
製造業者 (1号)	当該製造物を業として製造、加工または輸入した者	商品を輸入して販売する場合
表示製造業者 (2号)	自ら当該製造物の製造業者として当該製造物にその氏名、商号、商標その他の表示をした者、又は当該製造物に、その製造業者と誤認させるような表示をした者	自社の名称や商標などを商品に表示する場合
実質的 製造業者 (3号)	当該製造物の製造、加工、輸入または販売に係る形態その他の事情からみて、当該製造物にその実質的な製造業者と認めることができる氏名等の表示をした者	共同開発などで製品の製造に関わる場合

まとめ

□ 海外から商品を輸入販売している場合、製造業者に該当する
□ 実際に製造していなくても、損害賠償責任を負う場合がある

販売業者がPL法によって
損害賠償責任を負った事例

● 製造元だけでなく販売元が責任を負う事例もある

　EC事業者がPL法に基づく責任を負うケースとして、具体的にどのような場合が考えられるのでしょうか。PL法では、①**製造物である**、②**製造物に欠陥がある**、③**生命、身体または財産が侵害され、製造物以外のものについて損害が発生している**、④**製造物の欠陥と損害発生との間に因果関係がある**、という4つの要件を満たす場合に責任を負うとされています（右ページ参照）。

　実際にPL法が適用された事例としては、「ノートパソコンのバッテリーパックが発火し、やけどを負った」というケースがあります。2019年の裁判の判決では、製品が通常有すべき安全性を欠いており、PL法上の欠陥があったと認定され、製造元に対して66万円の慰謝料の支払が命じられました。

　「石鹸の使用で小麦アレルギーを発症した」という事例もありました。2012年から21年にかけて全国各地で判決が出たり、和解が成立したりした事例ですが、訴訟を起こされたのは販売元と製造元、そしてアレルギー源の小麦由来成分を作った研究所の3社でした。判決では製造物として安全性を欠き、欠陥が存在していたとして**製造元の責任を認め、さらに販売元の実質的製造業者としての責任も認め**、損害賠償が命じられました。

　PL法の下では、製造元だけでなく、**ECサイト等の販売元も責任を負う**ケースがあります。自社が販売した商品で事故が発生してしまった場合、どのようなケースで責任を負う可能性があるのかを理解して、商品の開発や表示の仕方等を検討しておきましょう。

● PL法の対象

メーカー製テレビを販売したECサイトの場合

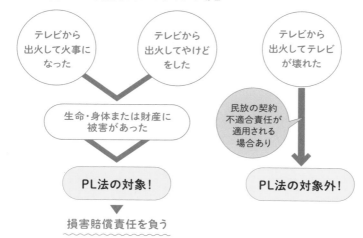

● PL法に基づいて責任を負う要件

要件	内容
製造物である	製造物とは、製造または加工された動産をいい、不動産とソフトウェア以外の加工物を指す。修理は加工に含まれず、対象外となる
製造物に欠陥がある	欠陥とは、「製造物が通常有すべき安全性を欠いていること」をいう。使用方法によって人体に影響を及ぼしたり、危険があるケースも含まれる
生命、身体または財産が侵害され、製造物以外のものについて損害が発生している	欠陥によって実際にケガをしたり、健康被害が出たり、ほかの財産に損害が発生した場合
製造物の欠陥と損害発生との間に因果関係がある	製造業者が製品を引き渡した時点で存在していた欠陥によって損害が生じた場合に責任を負う。損害の発生と損害額、損害と欠陥の因果関係は被害者が主張、立証する必要がある

まとめ
- □ 販売した商品で事故が発生した時の責任の所在を理解する
- □ 商品の注意書きや警告文などの表示が適切かにも留意

グレーマーケットの拡大が生む
販売業者等のリスク

　グレーマーケットとは、適切に販売された製品が流通過程で転売されるなどして、当初の製造業者・販売業者が意図しなかった第三者に渡ってしまう取引や市場のことです。越境 EC の広がりとともにグレーマーケットも拡大しています。

　グレーマーケットが拡大することで製造業者・販売業者のリスクが高まる理由は製造物責任法（PL 法）にあります。日本の製造物責任法は製造物の欠陥が原因で他人の生命や身体、財産に損害が生じた場合、製造業者などに損害賠償責任を科しています。ネットオークションなどで購入した製品なども、新品・中古にかかわらず、製品の設計や製造の過程で起きた欠陥が原因で起きた上記の損害は製造物責任法の対象になります。

　日本企業が製造した製品が海外に販売された場合は、販売先の国の製造物責任法が適用される場合があります。仮に契約で免責条項を設けていても、被害者が提訴すれば製造業者・販売業者側は応訴しなければなりません。また、勝利できたとしても、海外では高額な弁護士費用がかかることが一般的です。

　これまで海外における製造物責任のリスクを考える必要がなかった企業も、海外で転売される可能性を考慮し、PL 訴訟リスクに備える必要があります。販売が想定される国の PL 法についての事前調査はもちろん、購入者との間で利用規約などを通じて転売禁止の合意を必ず取るようにしましょう。万一、転売で会社が損害を受けた場合に、転売者に損害賠償請求をできるようにしておくほか、海外 PL 保険にも加入してリスクに備えましょう。

Part

4

ルールを守って効果的な広告を!

広告と集客に
関わる法律と対応

広告宣伝や集客方法は
複数の法律で規制されている

● 過剰な広告や集客方法は法律違反になる可能性も

　ECサイト上の取引でも、**懸賞やキャンペーン、広告宣伝などで
集客する場合には、さまざまな法規制が適用されます**。懸賞やキャンペーンを行う際には、**景品表示法**が適用され、当選商品などには最高額や総額等が定められています。

　マーケティングとしてメルマガの配信やポイントサービスを行う場合も、法律による規制があります。メルマガ配信なら**特定電子メール法**（特定電子メールの送信の適正化等に関する法律）や**個人情報保護法**を守る必要があります。相手の同意がないのに広告宣伝メールを送信すると、違法になる場合があります。

　ポイントサービスには、**資金決済法、景品表示法、消費者契約法**が関係します。たとえば、前払式支払手段、いわゆるプリペイドサービスを採用する場合は、基準日における未使用残高の額によって、行政への届出等の義務を負います。また、ポイントに有効期限を設ける場合には、極端に短い期間を設定するなど、消費者の利益を一方的に害する条件を設定すると、無効と判断される可能性があります。

　特定商取引法の規制対象となる通信販売では、サイト上に販売価格や役務の対価、送料など、特定商取引法上のルールに従った表示が必要です（P.22参照）。また、相手方から請求や承諾がない限り、原則として通信販売のメール広告を行うことはできないことなども規定しています。

　話題性のある宣伝やマーケティングで集客力を高めたいのはどの事業者も同じですが、適法で、かつ効果の高い広告を工夫しましょう。

● 広告宣伝の種類と関係する法律

法律	広告宣伝			
	メルマガ配信	懸賞・キャンペーン	ポイントサービス	サイト上の表示
景品表示法 景品類の制限、不当表示の禁止についての法律（P.18も参照）	○	○	○	○
特定電子メール法 いわゆる迷惑メールを防止するなど、広告宣伝メールを規制	○	—	—	—
特定商取引法 通信販売等に関するメール広告についてルールを規定	○	—	—	○
個人情報保護法 個人情報取扱事業者の義務を規定	○	—	—	—
消費者契約法 ポイントの有効期限を極めて短期間に設定するなど、消費者の利益を一方的に害する条項は無効と規定	—	—	○	—
資金決済法 プリペイドサービス等の前払式支払手段を発行する場合の義務を規定	—	—	○	—

まとめ

☐ 広告や宣伝は複数の法律によって規制されている
☐ 法律を遵守したうえで効果の高い広告宣伝を工夫する

懸賞などで提供する景品は
景品表示法で限度額が決められている

● 過大な景品で消費者を惑わせるような行為は違法になり得る

Part1で取り上げた景品表示法は不当表示のほかに、事業者が顧客を誘引するために用いる「景品類」についても規制しています。同法における景品類とは、顧客を誘引するための手段であり、取引に付随して提供する物品、金銭その他の経済上の利益をいいます。値引きやアフターサービスは原則として該当しません。

景品は大きく**懸賞**と**総付景品**に分類されます。

懸賞は抽選などの偶然性やクイズや作品などの優劣によって景品を提供するもので、地域や商店街など複数の事業者が参加して行う**共同懸賞**と、それ以外の**一般懸賞**の2つに分類されます。

一方、総付景品は商品・サービスの利用者や来店者に対してもれなく提供される金品等のことです。申込み順や先着順で提供する場合も総付景品に該当します。アーティストがアルバムの初回生産限定盤にオリジナルステッカーをつけたり、マンションのモデルルーム見学者全員に粗品をプレゼントしたりするようなケースです。

あまりに過大な景品で消費者を惑わせるような行為は消費者の不利益につながるため、**懸賞や総付景品とも、最高額や総額などが定められています**。限度額は右ページのとおり、取引価額などをベースに決まります。

景品表示法に違反した場合には、措置命令や課徴金納付命令などの措置がとられる可能性があります。

なお、商品やサービスの購入を条件とせず、誰でも自由に応募できる懸賞は**オープン懸賞**と呼ばれ、景品規制の対象にはなりません。

◉ 景品類の分類

懸賞
抽選などの偶然性や作品などの優劣によって景品類を提供するもの

共同懸賞
地域や複数の事業者が
参加して実施

一般懸賞
共同懸賞以外の懸賞
（メーカーや店舗など単体で実施）

総付景品
一般消費者に対して懸賞によらないで提供する景品類

**ネットショップOPEN
記念セール**

○月○日〜○日
来店先着100名様
オリジナルグッズプレゼント！

◉ 景品の限度額

種別	一般懸賞		共同懸賞	総付景品	
条件	懸賞による取引価額5,000円未満	懸賞による取引価額5,000円以上	―	取引価額1,000円未満	取引価額1,000円以上
最高額	取引価額の20倍	10万円	30万円	200円	取引価額の10分の2
総額	懸賞による売上予定総額の2%	懸賞による売上予定総額の2%	懸賞による売上予定総額の3%	―	―

【例】

EC店10周年記念 ご愛顧感謝キャンペーン

➤ 単独＋抽選＝一般懸賞

2,000円のお買い物 をすると、抽選 で豪華景品が当たる！

取引価額：5,000円未満
➤ 最高額：2,000円×20倍＝4万円
総額：懸賞による売上予定総額×2%

まとめ

☐ キャンペーン企画時には、景品表示法を念頭におく
☐ 景品表示法違反には、措置命令や課徴金納付命令等の措置がとられる

安さを訴求する不当な価格表示は 景品表示法違反に問われる

● 消費者に誤解を与えない価格表示に努める

ECサイトの表記に関わる法律の中で特に注意すべきなのは**価格表示**に関する部分です。販売価格や取引条件を偽って表示してはいけないのは当然ですが、景品表示法で規制される不当表示かどうかは表示全体から総合的に判断されます。**消費者庁が「不当な価格表示についての景品表示法上の考え方」というガイドラインを公表し**ていますので、必ずチェックしておきましょう。

このガイドラインの中で、景品表示法に違反する不当表示に該当するおそれがあるものとして、**①実際の販売価格よりも安い価格を表示する場合、②販売価格が安いとの印象を与える比較表示を行っているが、実際は安くない場合（不当な二重価格表示）、③販売価格が安いという印象を与える表示を行っているが、実際は安くない場合**の3つを挙げています（右ページ参照）。

②の二重価格表示については、あらかじめ公表されているメーカー希望小売価格や最近相当期間*にわたって販売していた価格と、現在の実売価格を並べて表示して安さをアピールすることは認められています。一方、公表されていないメーカー希望小売価格や実際には存在しない他社の販売価格、過去に販売実績のない価格を比較対象として表示している場合は不当表示と判断されます。

販売価格の不当表示は、有利誤認表示として景品表示法上問題となるだけでなく、顧客からの信頼を損ないます。消費者庁のガイドラインを確認し、消費者に誤解を与えないように注意しましょう。

*個々の事案ごとに判断されるが、一般的にはセール開始前8週間のうち4週間を超える期間

● 景品表示法に違反する不当表示

---

①実際の販売価格よりも安い価格を表示する場合

表示されている安い価格で購入できると消費者を誤解させる

【例】
・表示価格では、商品やサービスの一部しか購入できない
・表示価格で購入するためには、別の商品の購入などの条件がある
・表示価格が適用される顧客が限定されていることを表示しない

②不当な二重価格表示

次のような理由により実際は安くない場合
・比較に用いた価格が実際と異なる
・商品、役務や適用条件が異なるものの販売価格を比較に用いている

【例】
・販売実績のない価格を比較対象としている
・セール直前に一時販売しただけの価格を比較対象としている
・販売することが確実でない将来の価格を比較対象としている
・メーカー希望小売価格や他社の販売価格を偽って比較対象としている

③販売価格が安いという印象を与える表示を行っているが、実際は安くない場合

商品の全体について安くなっているかのように表示しているが、通常と比べて特に安くなっている商品がなかったり、一部の商品に限定されている

【例】
・割引率を表示してはいるが対象になるのは一部の商品だけで、ほかの商品は割引されていない
・全品大幅値下げセールと表示しているが、通常価格より安くなっている商品がごく一部の場合

まとめ

□ 価格表示では、有利誤認を与えない表示が求められる
□ 消費者庁のガイドラインに従って誤解のない価格表示を行う

メルマガや広告メールの配信には
受信者の同意が必要

● 広告メールの配信には受信者の同意が必要

　既存顧客や見込顧客のメールアドレスを取得して、そこに広告・キャンペーンのメールやメールマガジン（以下まとめて「広告メール」）を送信するマーケティングはよく行われています。広告メールの送信は、**特定電子メール法**と**特定商取引法**という2つの法律により規制されており、原則として送信には受信者の同意が必要です。

　ECサイトの会員登録画面や注文画面でメールアドレスを入力しただけでは、有効に同意を得たとはいえません。①**広告メールの送信が行われることを受信者が認識した**うえで、②**それについて受信者が賛成の意思を示した**といえることの2点を満たす必要があります。

　具体的な方法としては、会員登録画面や注文画面で「**当社からの広告メールの配信を希望します**」という一文を設け、**チェックボックスにチェック**を入れてもらう流れが一般的です。あらかじめチェックを入れた状態にしておいて、配信を希望しない場合にはチェックを外してもらう方法もありますが、この場合には、チェックボックスがデフォルトでチェックされていることをわかりやすく表示しておかなければなりません（右ページ参照）。

　また、特定商取引法で定められている**配信停止の手続方法の記載**を含め、右ページの表の項目について表示義務があります。

　マーケティング手法として有効な広告メールを活用するためにも、きちんと受信者の同意を得るように、サイトのしくみを整えておきましょう。

● 広告メール受信の同意を得る方法

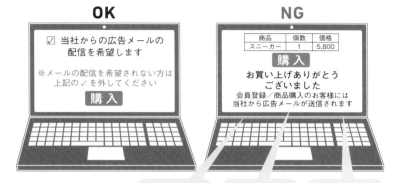

OK

☑ 当社からの広告メールの
配信を希望します

※メールの配信を希望されない方は
上記の✓を外してください

購入

NG

商品	個数	価格
スニーカー	1	5,800

購入

お買い上げありがとう
ございました

会員登録／商品購入のお客様には
当社から広告メールが送信されます

広告メールの配信
について、受信者
の同意を得る記載
がない

広告メール配信に
ついて記載した文
字が小さく、認識が
困難

受信者が広告メー
ルの送信を承諾し
たかどうかを確認
できない

● 広告メール送信時の表示義務

関係する法律	記載が必要なもの
特定商取引法	・配信停止の手続方法の記載
特定電子メール法	・送信者などの氏名または名称（委託している場合は責任を有するもの） ・送信者などの住所 ・受信拒否ができること、及び拒否の通知を受けるための送付先メールアドレスまたは URL ・苦情や問合せの受付先（ハイパーリンクも可）

まとめ

☐ メールアドレスの入力だけでは、広告メール受信の同意とはいえない
☐ 広告メールは特定商取引法・特定電子メール法に基づく表示が必要

顧客に継続利用をうながす
ポイントサービスにも規制がある

●2種類のポイントサービス

　小売業界ではポイントカード制度が普及しており、この流れは
ECサイトでも同様です。**ポイントサービスには資金決済法をはじ
め、景品表示法、消費者契約法など複数の法律が関わっています。**

　たとえば「スタンプ10個で商品を1個プレゼント」などのサービ
スや購入金額に併せてポイントが還元される、いわゆるおまけのよ
うなタイプのポイントサービスには景品表示法が適用されるので、
付与するポイントには限度額があります（P.99参照）。

　また、付与されたポイントの有効期限は、本来企業が自由に設定
できるものですが、あまりに短い期間を設定すると消費者の利益を
一方的に害すると判断され、消費者契約法を根拠に無効となる可能
性があります。

　次に、現金をチャージして買い物などに利用するタイプのポイン
トサービスは、法律的には**前払式支払手段**と呼ばれ、**自家型と第三
者型の2種類があります。どちらも資金決済法によって規制されて
います。**まず、**一定の場合に、チャージされた現金の一部を、供託
所に供託する義務がある**ため、未使用残高を常に把握し、管理する
必要があります。また、ポイントサービスを終了する場合には、利
用者に対して払い戻しを行う義務を負います。

　自家型は第三者型とは違って、事前に審査を経て登録を受けるこ
とが不要であり、基準日に未使用残高が1,000万円を超えなければ
届出も不要ですので、特に必要がない限り、自家型を選択するのが
よいでしょう。

● 前払式支払手段の2タイプ

種別	自家型前払式支払手段	第三者型前払式支払手段
形式	発行した店舗やECサイトだけで利用できる 【例】 ・発行した店舗のみで使える回数券やギフトカードなど 発行 ↓ ↑ 使用	発行者以外の第三者の店舗においても商品の購入やサービスの提供に利用できる 【例】 ・SuicaやPASMOなどの交通系電子マネー ・PayPayなどのチャージ式キャッシュレス決済 発行 ↓ ↑ 使用 使用 使用 使用
発行条件	事前の行政への届出不要 ※基準月における未使用残高*によって届出を行う必要あり	発行前に行政への登録が必要

*発行したプリペイドカードなどにチャージされた未使用分 ▼

共通する2つの義務

供託義務

・基準日（毎年3月末日と9月末日）の未使用残高が1,000万円超のとき、未使用残高の2分の1の額以上を最寄りの供託所に供託する
・供託の期限は、基準日の翌日から2カ月以内

表示義務

1 発行者である企業名
2 利用上の注意
3 利用可能な金額
4 ポイントの有効期限
5 利用可能な店舗や施設
6 苦情相談の連絡先
7 その他資金決済法13条に定める事項

まとめ

□ 前払式支払手段では、供託金が必要になる場合がある
□ ポイントサービス終了時のことも考えたシステム設計を

体験談広告には効果測定調査の数値的なデータを併せて表示する

● 体験談広告では、調査人数や割合等を明示する

　消費者に対して商品を訴求する際の強調表示は、事実に反しない限り問題となりませんが、もし例外等があるときは、その旨の表示（打消し表示）を適切に行わなければ、消費者に誤認され、景品表示法に違反するリスクがあります。健康食品の広告でよく目にする「**個人の感想です。効果には個人差があります**」というフレーズは、消費者の体験談に関する**打消し表示**です。

　2017年7月に消費者庁から発表された「打消し表示に関する実態調査報告書」では、広告の体験談に気づいた消費者が打消し表示を視認する前後で、当該商品の効果等の認識にどのような変化がもたらされるかを調べた結果が公表されています（右ページ）。それによると、「打消し表示に気づいたことによっても効果に関する認識に大きな変化はなかった」とされています。

　打消し表示の効果が期待できない以上、消費者の誤解を招かないようにするためには、商品やサービスの効果、性能などに適切に対応した体験談を用いることが求められます。 報告書でも、体験談を使う場合には、**調査した被験者数、その属性、体験談と同じような効果を得た人の割合、同じような効果が得られなかった人の割合などを明瞭に表示**すべきであるとされています。

　また、消費者が打消し表示を意識して見ないという実態を前提に、事業者が強調表示を行う際には、打消し表示がなくとも、商品・サービスの内容や取引条件が適切に認識されるような広告表現が求められるでしょう。

● 体験談広告と打消し表示の影響

※体験談かつ打消し表示のある広告例を1度提示した後、体験談には気づいたが、打消し表示に気づかなかった回答者（369人）に打消し表示を赤枠で囲んで再度表示。2回目に打消し表示に気づいたことで、体験談から受ける効果に関する認識にどのような変化があったかを調査

効果に関する認識	回答者の割合	
	1回目	2回目
「『体験談と同じような効果』が得られる人がいる」と思う	55.0%	48.8%
「『大体の人』が効果を得られる」と思う	42.8%	36.6%
「自分に効果がある」と思う	41.5%	35.2%

出典：「打消し表示に関する実態調査報告書」2017年7月（消費者庁）より作成

> 打消し表示を見ても、体験談広告への消費者の認識に大きな変化はない

● 体験談広告を扱う際の注意

ポイント①

商品・サービスの効果や性能などを示すのに適切な体験談を用いる

【例】ダイエット食品であれば、運動療法などを併用している被験者を除外

ポイント②

実施した調査について、以下の3点を明瞭に表示

①被験者数及びその属性
②体験談と同じような効果・性能などを得られた者が占める割合
③体験談と同じような効果・性能などを得られなかった者が占める割合

ポイント③

打消し表示がなくても商品内容や取引条件などに誤解を生まない表現とする

まとめ
□ 打消し表示を入れておけばそれだけで安心ということはない
□ 体験談広告は調査の人数や割合等を明瞭に表示する

マーケティング施策には
仮名加工情報を有効に活用する

● 個人情報保護法に加えて、プライバシー侵害にも注意

インターネット上では、対象とする潜在顧客に対して効率的な広告を配信する、ターゲティング広告が可能です。しかし、ターゲットの絞り込みにはユーザーの属性や行動履歴、位置情報などが必要となるため、個人情報やプライバシーなど法的な課題が生じます。

ユーザーデータには通常、閲覧中の Web サイトがブラウザを通してパソコンやスマホに記録する情報である Cookie や端末識別 ID が使われますが、これらのデータそのものは単体で個人を識別できるものではないため、原則として個人情報には当たらないとされています。

しかし、**ユーザーデータの中には、特定の個人が識別可能になるものも含まれており、個人情報に該当する場合があります**（右ページ上図参照）。その場合、原則として本人の同意なしにユーザーデータを第三者に提供することはできない等、個人情報保護法の規制を遵守する必要があります。

データ利活用促進の観点から**仮名加工情報**（右ページ下図参照）**については、事業者の義務が緩和され、漏えいなどの報告義務や、保有個人データの権利行使への対応義務が免除**されています。また、仮名加工情報は、事業者の内部で元の利用目的とは異なる目的で利用できる利点があります。

ターゲティング広告を行う場合は、法令やガイドラインを遵守しながら、仮名加工情報化したユーザーデータをいかに有効に活用できるかがポイントになります。

● 個人情報に該当するユーザーデータ

 単体で特定の個人を識別できる情報が含まれている

メールアドレスに氏名や職場の名称が含まれている、など

 ほかの情報と容易に照合することが可能で、それにより個人を識別できる

通常業務の中でほかの情報と容易に照合でき、それにより個人を識別できる場合

 情報の蓄積によって、特定の個人が識別可能になる

Web ページの閲覧履歴や商品の購買履歴、位置情報など
行動履歴が長期間にわたって蓄積されているような場合

Part
4
広告と集客に関わる法律と対応

●「仮名加工情報」とは?

記述の一部の削除、個人識別符号の全部の削除などの措置が講じられて、他の
情報と照合しない限り特定の個人を識別することができないように個人情報を
加工して得られる個人に関する情報

（個人情報保護法第2条第5項）

▼

仮名加工情報を作成する際は、以下のすべての措置が必要

①個人情報に含まれる特定の個人を識別することができる記述等の全部または
　一部を削除する
②個人情報に含まれる個人識別符号の全部を削除する
③個人情報に含まれる不正に利用されることにより財産的被害が生じるおそれが
　ある記述等を削除する

【例】

個人情報	→	山田 花子	45 歳	女性	血液型 A　Rh +
仮名加工情報	→	012345 （匿名 ID）	45 歳	女性	血液型 A　Rh +

まとめ

☐ 「仮名加工情報」はマーケティング施策に有効
☐ 仮名加工情報を作成する際は3つの措置が必要

口コミやレビューの自作自演はOK？

　商品を購入するときに、口コミやレビューを参考にする人は多く、口コミ専用サイトが存在するなど、その影響力は増すばかりです。マーケティングのためにも、良い口コミやレビューを集めたいところですが、自作自演や、やらせ等の書込みは景品表示法に抵触する可能性があります。

　自作のレビューを掲載する行為は、景品表示法の「表示」に該当すると考えられています。したがって、自作のレビューが商品・サービスの内容または取引条件について、実際よりも著しく優良または有利であると一般消費者に誤認される場合は、景品表示法の不当表示として問題となり、措置命令や課徴金納付命令が出される可能性があります。

　ECモールなどに出店している場合は、サイト独自に利用停止などの罰則を規定している場合もあります。いずれにしても、顧客の信頼を著しく損なう行為ですから、自作レビューはすべきではありません。

　なお、購入者や利用者に口コミ情報を掲載するように依頼すること自体は禁止されていません。ただし、レビューの内容と対象の商品によっては、薬機法や健康増進法など、景品表示法以外の法律に違反してしまう可能性もあるので、「お客様の声」としてレビューを掲載するときには注意が必要です。

Part

5

知らなかったは通用しない！

海外展開の際に
気をつけること

越境ECには国内法と現地法の双方の知識が必要

● 日本とは異なる法律や規制を理解する必要がある

　ECサイトを海外へ展開する**越境EC**は、顧客層が広がり、売上も上がりやすくなるメリットがありますが、国内で販売する場合と異なる注意点が多数あります。

　海外に居住する消費者との取引でトラブルが発生した場合、どこの国の法律に従い、どこの国で裁判を行うかは大きな問題です。このような場合に備えて、利用規約に**準拠法**や**裁判管轄**の定めを必ず記載しましょう（P.114参照）。"準拠法"とはどこの国の法律に従うか、"裁判管轄"とはどこの裁判所で裁判を行うかということです。

　なお、利用規約で準拠法を定めた場合でも、現地の法律が適用される分野もあります。たとえば、**マーケティングの規制**（P.114参照）や販売に**許認可が必要なケース**（P.116参照）では、各国の法令に従わなければなりません。

　また、**個人情報**の取扱いについても、居住国の法律に従うのが標準になりつつあります（P.122参照）。結果として、顧客管理の方法も見直しが迫られる可能性があります。このほか、国内EC同様に**決済方法**（P.124参照）の準備や、**返品、商標権**（P.126参照）などのリスク対策も必要になりますが、越境ECの場合は、国際取引としての特殊性を考慮する必要が出てきます。

　このように越境ECを展開するには、法律的に乗り越えなければならない壁がいくつかありますが、いずれも準備を怠らければ、大丈夫です。P.114から各詳細を説明します。

● 越境ECにおける法的なポイント

どの国の法律に従うのかを明示する

【対応】利用規約に日本法を準拠法とし、日本の裁判所を第一審の専属的合意管轄裁判所とする旨を記載

【備考】記載した法律が必ず適用されるとは限らない

国内と同じく、利用規約に返品特約を記載しておく

【対応】海外向けのECサイトにも、返品に関するルールを記載しておく

【備考】記載しても現地の法律が適用されるケースもある

現地のマーケティング規制や罰則に注意する

【対応】食品、医薬品、化粧品、子供向け商品などの広告表示やラベル表示、アフィリエイト広告などのマーケティング手法について、各国の規制を確認する

取扱商品に現地の許認可が必要なものがないか確認する

【対応】化粧品などは各国の定める成分や配合量の基準のクリアが必要な場合がある。たとえば、アメリカで食品や医薬品、化粧品などを販売する場合は、FDA（米国食品医薬品局）認証を取得する

決済のセキュリティ対策は世界的な統一基準に準拠する

【対応】決済システムについては、世界規格の準拠対応作業を専門とする業者にアウトソースするか、基準に準拠したマーケットプレイスや支払処理業者を利用する

知的財産権リスクに備えて対策を打つ

【対応】日本では特許権や商標権を侵害していなくても、海外の企業や個人の知的財産権を侵害しているケースも。事前リサーチ、必要に応じてその国での商標権登録などが必要

まとめ

□ 越境ECは顧客層が広がり、市場拡大につながるメリットあり
□ 国内法だけでなく、相手国の法律や規制の遵守も必要

マーケティング規制や罰則は
日本よりも厳しい場合がある

● 越境EC では海外の法令や規制に準拠した対応が必要

　P.112で触れたように、越境 EC ではどこの国の法律に従い、どこの裁判所で裁判を行うかを定めておくことが重要です。**日本法を準拠法とし、日本の裁判所を第一審の専属的合意管轄裁判所とする旨を利用規約に定めておけば一応安心ですが**、これらの条項を有効に記載するには、法律上のルールがあるので注意が必要です。また、準拠法を定めていても、訴えの内容などによっては現地法が適用される場合があるので、各国の法律に詳しい専門家のアドバイスを受けるようにしましょう。

　特に重要なものとして、**マーケティングの規制については、消費者の居住国ごとに異なります**。米国を例にとると、EC を含む商取引の公平性を監督する連邦取引委員会（Federal Trade Commission、以下「FTC」）はインターネット上の広告規制を行っており、特に近年は虚偽広告に対して取締りを強化しています。FTC の不当表示規制については、アフィリエイト事業者が金銭の支払を命じられた事例や、アフィリエイト広告を利用した広告主らが差止め等を命じられた事例があります。

　日本の EC 事業者が米国の消費者向けに広告を展開する場合には、国内の消費者向けよりも厳しい規制や罰則があることに十分注意しなければなりません。

　もちろん米国に限らず、各国で法規制が変わるので、相手国の法規制についての知識が不可欠です。

● 準拠法と裁判管轄を利用規約に明記する

準拠法
どこの国の法律に従うか

裁判管轄
どこの裁判所で裁判を行うか

利用規約において、法律に基づいた適切な規定がされていないと……

▼

現地の法律が適用されたり、現地の裁判所での裁判となるリスクが大きい

● FTCが規制を強化しているカテゴリー

インフルエンサーマーケティング

広告主とインフルエンサーとの間に重要な関係がある場合はそのことを明白に開示しているか

【開示例】
・スポンサー契約がある
・商品が無償提供されている
・広告主の会社の株式などを保有している

子どもを対象とする広告

子どもに向けて直接宣伝したり、子ども向け商品を親に売り込んだりする場合に、不正確あるいは誤解を生む情報を提供していないか

【備考】
・特に食品については小児肥満などのレポートを発表するなど力を入れている

健康に関する表示がある広告

健康関連製品の広告について、効果などの主張を裏付ける十分な根拠があるか

【対象となる商品例】
・食品、市販薬、栄養補助食品、コンタクトレンズなど

環境マーケティング

環境への配慮を装って、環境に優しい言葉を利用するグリーンウォッシング行為をしていないか

【注意が必要なワード例】
・「グリーン」「エコフレンドリー」（効果を明確に立証できるか）
・「リサイクル可能」（製品の販売地域でリサイクル可能か）

まとめ

□ 準拠法を日本法、合意管轄を日本の裁判所と規定
□ FTC法の違反には厳しい制裁が課される

米国への越境ECでは消費者保護の8つの基本原則を理解しておく

● 米国のECビジネス関連法令は消費者保護を重視

　越境ECの拡張において、大きな市場となるのはやはり米国でしょう。その際には、**連邦法、州法、輸出及び再輸出の管理に関する規制などを守る**必要があります。

　米国の商取引を監督しているFTCは、ECビジネスの取締りに関して経済協力開発機構（Organisation for Economic Co-operation and Development、以下「OECD」）のガイドラインを承認しているので、越境ECビジネスを展開する場合は2016年制定の「**電子商取引における消費者保護（OECD勧告）**」を理解しておくことが大切です。

　同ガイドラインの一般原則では、8つの基本原則（右ページ）を掲げており、**EC取引においてはその他の商取引で与えられる消費者保護と同等か、それ以上のレベルの保護**を求めています。このガイドラインに沿って、個人情報の保護やマーケティング規制などの関連法や規制が定められていて、日本よりも厳しい基準が課されているケースもあります。

　また、一部の商品やサービスの販売には、別途、政府の機関による許認可等が必要な場合があります。たとえば、食品、医薬品、医療機器、化粧品などを販売する場合には、FDA（Food and Drug Administration、米国食品医薬品局）による認証が必要です。

　取引相手国や地域によってルールはさまざまですが、相手先の法令についての知識取得と遵守はトラブル回避の絶対条件です。専門家の知識も借りながら、事前の準備と適切な対応を行いましょう。

● 電子取引における消費者保護（OECD勧告）

8つの基本原則	ポイント
透明かつ効果的な消費者保護	・他の形態の商取引と同等か、それ以上のレベルの消費者保護が必要 ・立場の弱い消費者を保護するため、政府などが協力して取り組む
公正なビジネス、広告及びマーケティング慣行	・事業者は消費者に不当なリスクを与える行為を行ってはならない ・消費者の異議申立てや相談などを制限しない
オンライン上の情報開示	・情報開示はアクセスが容易で視認性の高いものにする ・言語、通貨、端末やプラットフォームの技術的制限や特性も考慮する
取引の確認プロセス	・取引完了までのステップを明確にする ・価格やサービスなどの情報を見直す機会を提供し、取引の変更や停止ができるようにする ・消費者が情報に基づいて同意を明示するまで取引をすすめない
支払メカニズム	・消費者が利用しやすい支払メカニズムを提供する ・個人データに対して、適切なセキュリティ対策を実施する
紛争処理及び救済	・国内外のEC取引トラブル解決のため、公正で使いやすく、効果的な制度を提供する ・内部苦情処理や裁判外紛争解決などの裁判外メカニズムを提供する
プライバシー及びセキュリティ	・消費者データの収集と利用は、合法、透明、公平であること ・消費者の参加や選択を可能とする ・消費者のプライバシーやセキュリティを保護する
教育、啓発、デジタル能力	・政府や利害関係者は、消費者や政府職員、事業者の教育に取り組む ・消費者保護の観点から、国内外の事業者などの意識向上に努める ・消費者のデジタル能力向上のために協力する

ま と め

☐ 米国の消費者保護は日本より厳しい場合がある
☐ 取引相手国や地域の法令への無知はトラブルの元

越境ECに関わる税負担を見積もる
——売上税、輸入関税、環境税

● 税金や知的財産権など、相手国の規定を理解する

　日本と異なる制度を敷く海外との取引で、留意すべき点の一つが税金です。たとえば、**米国との EC ビジネスにかかる税金には「売上税」「輸入関税」「環境税」**があります。

　売上税は2018年の時点で、**50 州のうち 45 州とワシントン D.C.** で導入されています。税率は州によって異なります。このほか市や郡など地方の自治体でも徴収されています。

　日本と米国間の取引に係る関税については、一般税率が適用されています。ただし、日米貿易協定で対象となる品目については特別税率が適用されます。各商品に適用される関税率を調べるには、6桁の数字から成る **HS コード**が必要です。HS コードは世界税関機構（WCO）が管理する「商品の名称及び分類についての統一システムに関する国際条約（HS 条約）」によって、さまざまな品目に割り当てられている世界共通の番号です。税関の「輸出統計品目表」から調べられます。

　米国の品目ごとの関税率はアメリカ国際貿易委員会（USITC）のデータベースを使って、この HS コード（もしくは製品の名称など）から検索できます。また、世界各国の関税率を検索するには、米国 FedEx Trade Networks 社が提供する関税率情報データベース「WorldTariff」を利用するのが便利です。本来は有料のサービスですが、**日本の居住者は日本貿易振興機構（JETRO）のサイトから登録すれば無料**で利用できます。

　環境税の説明は割愛しますが、世界中で導入が拡大しています。

● HSコードの見方

0901,12 …

Part
5

海外展開の際に気をつけること

> HSコードは「関税分類番号」とも呼ぶ。上6桁まで世界共通。これ以下に各国が定める「統計細分」(最大3桁)が続く

類 (上2桁)

全品目が97の類に分類されている
[上記の例] 第09類:コーヒー、茶、マテ及び香辛料

項 (上4桁)

類をさらに細かく分けたコード
[上記の例] 0901:コーヒー

号 (上6桁)

項をさらに細かく分けたコード
[上記の例] 0901,12:カフェインを除いたもの=カフェインレスコーヒー

● 関税率の調べ方の手順

【手順1】HSコードを調べる

税関のサイト
https://www.customs.go.jp/index.htm
にアクセスして、
「輸出統計品目表」から調べる

【手順2】HSコードを使い、品目ごとの関税率を下記で検索

米 国	世界各国
HTS Search アメリカ国際貿易委員会 (USITC)	**World Tariff** FedEx Trade Networks 社 ※日本の居住者は JETRO 経由で 無料で利用可能

まとめ

☐ 米国は州により売上税の税率などが異なるため、確認が必要
☐ 関税率は品目ごとに異なるため HS コードで調べる

各国の制度の違いを理解・活用する
──年齢制限、再販許可

● 年齢制限を確認しないと違法になる場合もある

　日本と海外の法律や制度の違いについてはすでに説明してきましたが、意外に見落としがちなのが年齢制限です。年齢制限によって事業者側も対応を変えなければならない場合があります。

　たとえば、米国では多くの州が18歳未満を未成年者と定めていますが、一部の州では19歳未満や21歳未満としています。日本では18歳から成年となりましたが、飲酒可能年齢は20歳。一方、米国の飲酒可能年齢は多くの州で21歳からなので、日本の感覚で20歳の人に酒類を販売してしまうと違法となる場合があります。

　また、連邦法の「**児童オンラインプライバシー保護法（COPPA）**」**では、保護者の同意なしに13歳未満の児童から個人情報を収集できないと定めています**。違反事業者に対してFTCは、金銭的なペナルティを科すこともできるため、若年層をターゲットとしたビジネスでは要注意です。COPPAの規制に該当しそうな場合や、取扱商品が年齢制限に抵触する可能性がある場合には、年齢確認や保護者の同意を得るチェック項目を設けるなどの対策が必要です。

　また、活用の仕方によっては、事業者に有利に働く制度もあります。州税務局から**再販業者の許可証を取得すると、在庫を購入したり、卸売りしたりするときに売上税がかからないため**、税金面で有利になります。日本の消費税は原材料や仕入れ時にも発生しますが、米国の売上税を支払うのは最終消費者のみだからです。各州への納付の手間も省けるので、ECサイトの内容によっては取得を検討してもよいでしょう。

● 年齢制限に関するルールの例（米国）

児童オンライン
プライバシー保護法
（COPPA）
- 連邦法 -

保護者の同意なしで13歳未満の児童から、個人情報を収集することを禁止

違反すると

FTCによる多額の罰金
が科される可能性あり

プライバシー権法
（CPRA）
- カリフォルニア州法 -

カリフォルニア州住民のプライバシー権の明確化と、その個人情報を保持・処理する事業者の義務を規定

違反すると

16歳未満の個人情報の同意なき売却などの違反は、
各違反ごとに行政制裁金
が科される可能性あり

● 年齢確認が必要な場合の対策

①年齢確認の項目を設ける

【例】18歳以上ですか？
　　　☑ Are you over 18 years old?

②保護者の同意を得る項目を設ける

【例】13歳未満の方は保護者の同意を得たうえでお申し込みください
　　　☑ If you are under the age of 13, please make sure to apply with the consent of a legal guardian.

③年齢確認と保護者の同意を得る項目を設ける

【例】16歳未満のお客様へ、該当年齢のお客さまが本サイトにおいて個人情報を提供される場合、必ず保護者の同意を得てから行ってください
　　　☑ If you are under the age of 16, please make sure to obtain the consent of your parent or guardian before providing your personal information.

まとめ
- □ 児童や未成年者の個人情報保護は世界各国で強化の動き
- □ 米国は連邦法以外に、各州によって規制が異なる

EUや米国の個人情報保護規制が
日本企業にも適用される可能性がある

● オンライン識別子や位置情報なども保護対象となる

　越境ECを行う際は、海外のプライバシーに関する法令に留意が必要です。各国の法令で定められた個人情報や事業者の定義や要件を確認し、該当する場合は必要な体制の構築が求められます。**諸外国のプライバシー法は日本の法令より規制内容や罰則が厳しい場合**があるため、十分に注意しましょう。

　特に重要なのが**EUの「EU一般データ保護規則（GDPR）」と米国カリフォルニア州の「カリフォルニア州プライバシー権法（CPRA）」**の2つです。

　EUは世界で最も個人情報保護に対する意識が高く、2016年にGDPRが制定されました。GDPRが適用されるのはEU加盟国とEEA（欧州経済領域）の一部であるアイスランド、リヒテンシュタイン、ノルウェー各国の居住者に対して物品やサービスの提供を行っている事業者です。一方、CPRAは2018年に制定されたカリフォルニア州消費者プライバシー法（CCPA）の改正法として2023年1月から施行されており、カリフォルニア州の住民の個人情報を扱う事業者は、たとえカリフォルニア州に事業所がなくても適用の対象となる場合があります。

　GDPR、CPRAどちらも、個人を特定できるIPアドレスやCookieなどのオンライン識別子、位置情報なども個人情報として保護の対象としています。したがって、事業者が利用者の同意を得ずに、**Cookieを使って閲覧履歴などをデータベース化して共有した場合、違法となる可能性**があるので注意しましょう。

● 対象地域と取引のある事業者は規制の適用に注意

EU GDPR

米国 カリフォルニア州 CPRA

EUやカリフォルニア州に事業所などがなくても、取引があり、個人情報を扱っている事業者は適用対象になり得る（規模などの要件あり）

違反すると

莫大な罰金や行政制裁金を科される可能性

● GDPRやCPRAに規定された内容（一部）

・個人情報の種類や利用目的の通知義務

・アクセス権や開示請求に対応する義務

・必要期限経過後のデータ消去

・オプトアウト権（個人情報を第三者に
販売しないように指示する権利）の付与

・センシティブデータの保護

・プライバシーポリシーの開示義務

…など

まとめ

☐ 現地に事業所がなくても、法律の適用対象になり得る

☐ IPアドレスやCookieなどのオンライン識別子も保護の対象

決済システムのセキュリティは世界的基準準拠で安全性を確保する

● セキュリティ基準を満たした決済システムを選択

　ネット決済の普及によってクレジットカード情報などの重要な情報がインターネット上で飛び交うことになり、セキュリティ対策が必要になりました。そこで主要な国際的カード会社によって決済データを安全に取り扱うために定められたのが**ペイメントカード業界データセキュリティ基準（PCI DSS）**です。

　PCI DSSではデータ漏洩防止のための安全な環境の構築や維持のための基準を定めており、主要なクレジットカードブランドと決済システム企業との契約内容に盛り込まれています。ECビジネスにとってクレジットカードでの決済は欠かせないものであり、PCI DSSへの準拠は必須といえます。

　ただし、PCI DSSの認定には多くの基準を満たさなければならず、さらに訪問審査やスキャンツールによるサイトの脆弱性のチェック、自己問診などの組み合わせによる審査を経なければならないなど、高いハードルがあります。そこで知識や経験面から自社での認定取得が難しい場合は、**準拠対応作業を専門業者にアウトソースすることも一つの選択肢ですし、Amazon**などサードパーティのマーケットプレイスや**PayPal**などのデジタル決済プラットフォームを利用するのも有効な手段です。ただし、選択の際は利用する事業者がPCI DSSに準拠しているかどうかを確認してください。

　このPCI DSSは規制基準であり法律ではありませんが、契約内容に盛り込まれている場合にこの基準を満たしていないと、万一の事故の際に高額な損害賠償を請求される可能性があります。

● ペイメントカード業界データセキュリティ基準（PCI DSS）の概要

**1　安全なネットワークと
システムの構築と維持**

○カード会員データを保護するため
に、ファイアウォールをインストー
ルして維持する
○システムパスワード及びその他のセ
キュリティパラメータにベンダー提
供のデフォルト値を使用しない

2　カード会員データの保護

○保存されるカード会員データを保
護する
○オープンな公共ネットワーク経由
でカード会員データを伝送する場
合、暗号化する

**3　脆弱性管理プログラム
の整備**

○すべてのシステムをマルウェアか
ら保護し、ウィルス対策ソフト
ウェアを定期的に更新する
○安全性の高いシステムとアプリ
ケーションを開発し、保守する

**4　強力なアクセス制御手法
の導入**

○カード会員データへのアクセスを、
業務上必要な範囲内に制限する
○システムコンポーネントへのアク
セスを識別・認証する
○カード会員データへの物理アクセ
スを制限する

**5　ネットワークの定期的な
監視及びテスト**

○ネットワークリソース及びカード
会員データへのすべてのアクセス
を追跡及び監視する
○セキュリティシステム及びプロセ
スを定期的にテストする

**6　情報セキュリティ
ポリシーの整備**

○すべての担当者の情報セキュリ
ティに対応するポリシーを整備
する

マーケットプレイスやデジタル決済プラットフォームの選択

　越境 EC の拡大を狙うなら、世界中の消費者が利用しやすいマーケットプ
レイスやデジタル決済プラットフォームを選択する必要がある。Amazon や
PayPal は、海外での利用者も多く、ともに PCI DDS にも準拠している。
　様々な事業者がサービスを提供しており、「越境 EC に強み」「独自の不正
防止モデル構築」「不当クレームに対する売手保護制度」などそれぞれに特色
がある。利用できるカード会社の種類、使用通貨、決済手数料などが異なる
ため、条件面での精査も必要。

まとめ

□ 越境 EC には PCI DSS への準拠が必須
□ 準拠対応作業の外部委託や、マーケットプレイス利用も一案

商標権侵害のリスクを避けるため、事前に相手国の商標登録を確認する

● 知的財産権侵害による損害賠償リスクに備える

越境ECを展開する場合、**商標権や特許権、著作権などの知的財産権を侵害すると、損害賠償のリスク**が高くなります。特に日本国内での侵害はなくても、海外企業や個人の知的財産権を侵害してしまっているケースがあるので注意が必要です。

たとえば、商標権の対象となるのは商品名やサービス名、ロゴや会社名など多岐にわたりますが、**日本の商標権の効力が及ぶのは国内に限定**されています。

もし自社のブランド名などが第三者によって越境ECの対象国で商標登録されてしまっていると、その国ではそのブランド名を使用することができなくなったり、ライセンス料や使用料を支払わなければならなくなったりします。さらに、商標登録されていることを知らずに使い続けていると、登録をした第三者から差止請求や損害賠償請求などを受ける可能性があります。

これらのリスクに対しては、事前の準備が欠かせません。まず、対象国で登録されている商標権に自社が使用する商標と類似したものがないかを確認し、さらに**自社のブランド名などを商標登録**するなどの自衛手段をとることも必要です。

なお、2000年に米国で施行された**デジタルミレニアム著作権法**は、あらゆるデジタルコンテンツの著作権侵害を防ぐための法律で、著作権を侵害しているコンテンツの削除要請が行いやすくなりました。米国の法律ですが、世界的なインターネット企業の多くが米国法人であることから、事実上の世界基準という扱いになっています。

● ECサイトの展開先の外国でも商標登録が必要

> 商標権の対象となるのは、商品名やサービス名、ロゴ、会社名など多岐にわたるが、日本の商標権の効力は国内のみにしか及ばない

> そのため、自社のブランド等がECサイトを展開している外国の第三者によって商標登録されてしまうと、その国での商標権はその第三者のものとなる

> その第三者から「差止請求」「損害賠償請求」などを受ける可能性があり、大きなリスクに！

> 【対策】
> ECサイトを展開する現地国でも商標登録を行う

【事例】
Apple社の「iPhone（アイフォーン）」の
商標について

2008年の初代iPhoneの発売にあたり、Apple社が商標登録を申請したところ、1951年からインターホンを製造する日本のアイホン株式会社の登録商標と類似することから登録できなかった。そのため、Apple社はアイホン社と契約を締結し、同社からのライセンスに基づき、日本でのiPhoneの商標を使用しているといわれている。

まとめ

☐ 日本の商標権の効力は、国内に限定されている
☐ 自社の商標は、外国においても事前に登録を済ませる

海外PL保険に加入して
越境ECの賠償リスクに備える

　Part3 のコラム（P.94 参照）でも触れましたが、越境 EC の拡大により製造物責任法（PL 法）への対応が重要になっています。特に欧米諸国では製造物責任に対する考え方が厳しく、消費者の強い権利意識もあって、PL 訴訟は多く発生しています。このような海外での PL 訴訟に対応するならば、海外 PL 保険への加入も検討すべきです。海外で PL 訴訟を起こされると、敗訴した場合の損害賠償金は莫大な金額になるリスクを覚悟しておかなければなりません。

　海外 PL 保険はこうした賠償金や訴訟費用、弁護士費用のほか、リコール費用などを補償する保険です。トラブルが発生した場合に金銭的な補償を受けられるので、金銭的なダメージをあまり受けることなく、企業としての責任を果たすことができます。また、被害者から損害賠償請求を受けた場合、国や地域による制限はありますが、保険会社が事故対応や現地法律事務所との連携なども行ってくれます。

　海外 PL 保険は、多くの大手保険会社で扱っていますし、商工会議所が仲介しているプランもあります。海外では日本に比べて訴訟に対するハードルが低い一方で、訴訟に関する費用は高額になる傾向があります。自社が製造販売する商品が海外で流通する可能性のあるすべての事業者にとって、海外 PL 保険への加入は必須です。

Part

6

事例で学ぶ

ECビジネスに関わる法律のケーススタディと対応プロセス

【ケーススタディ①】
D2Cビジネスモデルによる
化粧品・サプリメントECの立ち上げ

● 複雑な契約の支援は専門家の力を借りる

　医薬品や医薬部外品、化粧品、サプリメントなどの販売とともに、東洋医学や漢方に基づく生活スタイルを提供するH社の例から、ECビジネス立ち上げ時におけるリーガルサポートの必要性を考えます。

　H社は自社ブランドをD2Cビジネスモデルで展開しています。**D2CはDirect to Consumerの略で、製造者が消費者とダイレクトに取引をするビジネスモデル**のことです。メーカーが商品の企画製造から販売まで一貫して行うため、収益性が高いのが最大のメリット。また自社のECサイトで販売を行えば、消費者の購買データや商品への感想などをダイレクトに入手できるだけでなく、キャンペーンなどのマーケティングも自由に行えるというメリットもあり、**EC事業によって成長が見込めるビジネスモデル**です。

　H社の課題は、まずD2Cビジネスの展開における製品の製造や仕入、販売などに関するパートナー企業などとの様々な契約と、薬事行政への対応でした。さらに越境ECを展開するために、現地企業との契約やメディアへの対応なども必要となりました。特に海外のパートナー企業やメディアとの契約は言語の壁が立ちはだかるとともに現地の法律と日本の法律の両方に精通し、違いを理解しなければなりません。

　そこでH社は**国内外の通販・EC事業、及び薬事行政への対応に精通した法律事務所に依頼**。その結果、D2CビジネスモデルによるEC事業の展開を成功させ、現在は中国やタイを筆頭に東アジア市場へとさらに越境ECを進めていく計画です。

● D2Cビジネスモデル

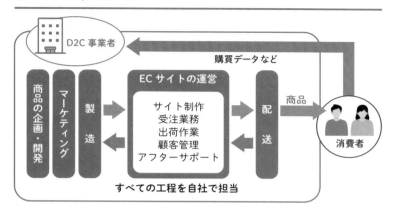

● 法律事務所の支援を得た業務例（化粧品・サプリメントECサイト）

国内外のパートナー企業との各種契約支援

- ・業務提携契約書
- ・開発業務委託契約書
- ・製薬会社との契約書
- ・卸売に関する契約書
- ・商品売買契約書
- ・販売代理店契約書
- ・販売委託契約書
- ・出品契約書
- ・安全管理に関する契約書

- ・倉庫利用契約書
- ・運送基本契約書
- ・広告取引基本契約書
- ・広告出稿サービス契約書
- ・インターネット広告掲載契約書
- ・映像制作及び広告に関する契約書
- ・広告出演契約書

…など

薬事行政への対応支援

- ・化粧品の製造販売業許可、製造業許可
- ・医薬部外品の製造販売業許可、製造販売承認、製造業許可
- ・医薬品の製造販売業許可、製造販売承認、製造業許可

まとめ

☐ D2CはEC事業の拡大で成長が見込めるビジネスモデル

☐ 契約が多岐にわたるため専門家の支援が有効

【ケーススタディ②】
都道府県による
景品表示法に基づく措置命令

● 2016年の改正で課徴金納付命令も加わり厳罰化傾向に

　事業者が景品表示法に違反すると、消費者庁は措置命令という行政処分を行うことができますが、2014年の法改正で**都道府県も措置命令を行うことが可能**になりました。これ以降、都道府県による措置命令は毎年のように行われており、国による措置命令も減少する様子はありません。

　2018年3月26日の東京都による初めての措置命令は、大きな注目を集めました。このケースでは、通信販売事業者が下着の販売時に、着用するだけで「脚がどんどん細くなる」「バストがぐんぐん大きくなる」などの表示をしていました。これらが優良誤認表示であると判断されたのに加え、事業者が任意に設定した金額を通常価格とし、そこから大きく割引されたかのような販売価格を表示していた点についても、有利誤認表示として指摘を受けたのです。

　翌月には、大阪府も大手小売業者に対して有利誤認表示を理由とする措置命令を行い、最終的に大阪府は2018年度中に6件の措置命令を下しています。

　近年、消費者庁は**不当な広告表示を取り締まる手段として、景品表示法に基づく措置命令に重きを置く傾向**にあります。2022年9月30日までに、全国の都道府県や市町村で49件の措置命令が下されており、今後も地方自治体が下す措置命令による行政処分が全国的に活発化していくことが予想されます。**2016年4月の法改正では課徴金制度も導入され、処分が厳しくなっている**ので注意が必要です。

● 景品表示法に基づく措置命令の件数の推移

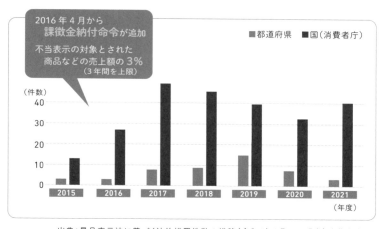

2016年4月から
課徴金納付命令が追加

不当表示の対象とされた
商品などの売上額の**3%**
（3年間を上限）

■ 都道府県 ■ 国（消費者庁）

（件数）
40
30
20
10
0

2015 2016 2017 2018 2019 2020 2021
（年度）

出典：景品表示法に基づく法的措置件数の推移（令和4年9月30日現在）消費者庁

● 地方自治体が下した措置命令の例（大阪府の場合）

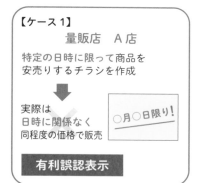

【ケース1】
量販店　A店

特定の日時に限って商品を
安売りするチラシを作成

↓

実際は
日時に関係なく
同程度の価格で販売

○月○日限り！

有利誤認表示

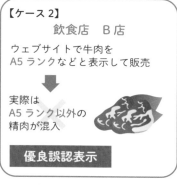

【ケース2】
飲食店　B店

ウェブサイトで牛肉を
A5ランクなどと表示して販売

↓

実際は
A5ランク以外の
精肉が混入

優良誤認表示

出典：大阪府ウェブサイトより作成

まとめ

- □ 国だけでなく地方自治体の下す措置命令が増加傾向にある
- □ 課徴金納付命令も加わり、処分が厳しくなっている

【ケーススタディ③】
機能性表示食品の届出内容と
異なる商品表示で景品表示法違反に

● 機能性表示食品は届出をした範囲を超えた表示はできない

　機能性表示食品とは、事業者の責任で科学的根拠を基に商品パッケージに機能性を表示した食品で、安全性や機能性の根拠に関する情報など必要事項を消費者庁長官に届け出れば、機能性を表示することができます。

　消費者庁は、2017年に葛の花由来イソフラボンを機能性関与成分とする機能性表示食品を販売していた16社に対して景品表示法違反の措置命令を下しました。

　景品表示法違反を指摘された機能性表示食品は「肥満気味な方の、体重やお腹の脂肪（内臓脂肪と皮下脂肪）やウエスト周囲径を減らすのを助ける機能がある」と届出をした成分を含んでいましたが、事業者はこの商品の広告で「飲んでしっかりと目指す! 体重やお腹の脂肪を減らす」と表示していました。

　この広告を見た一般消費者は本品を飲むだけで誰でも簡単に体重やお腹の脂肪が減り、外見にも変化が生じるものだと誤認する恐れがあります。しかし、この商品はあくまでも肥満気味の人に適した食品であり、さらに含まれている成分に体重を減らすのを助ける機能があることが報告されているにすぎません。したがって、あたかも本品自体に機能性があり、体重などを減らす効果があると誤認させる可能性があります。**消費者庁はこれらの表示について、景品表示法の優良誤認表示**に該当すると判断し、措置命令を行いました。

　機能性表示食品は、届出した機能の範囲を超えて表示できないことを認識し、広告表示には注意しましょう。

● 機能性表示食品と特定保健用食品の違い

機能性表示食品	違い	特定保健用食品
—	マーク	（消費者庁承認 特定保健用食品マーク）
なし 事業者が消費者庁に届出	国の審査	あり 消費者庁長官の許可
最終製品による人での試験または文献や言論の引用によって科学的に根拠を示す	有効性／機能性・安全性の評価	最終製品による人での試験を実施し、科学的に根拠を示す

● 優良誤認表示を指摘された事例

◆広告表示

飲んでしっかりと目指す!!
体重やお腹の脂肪を減らす

肥満気味な方、BMI が高めの方、お腹の脂肪が気になる方、
ウエスト周囲径が気になる方に適した食品です。

実際の機能性表示食品としての届出の内容

本品には、葛の花由来イソフラボン（テクトリゲニン類として）が含まれます。

葛の花由来イソフラボン（テクトリゲニン類として）には肥満気味な方の、体重やお腹の脂肪（内臓脂肪と皮下脂肪）やウエスト周囲径を減らすのを助ける機能があることが報告されています。

理由
誰でも容易に効果が得られると誤解されるおそれがある

まとめ
- □ 機能性表示食品は届出をした範囲に沿って機能性を表示
- □ 景品表示法の優良誤認表示と判断されると措置命令あり

【ケーススタディ④】
商品紹介以外のページや
アフィリエイト広告が不当表示に認定

● リンク先やアフィリエイトサイトの表現にも注意

　商品の紹介ページには効果効能を掲載していなくても、リンクしている情報ページに同様の内容を掲載していれば行政はそれらを一体とみなし、景品表示法違反と判断する可能性があります。

　2016年3月、消費者庁はココナッツオイルを販売していた会社に対し、景品表示法の優良誤認表示があったとして措置命令を出しました。

　このケースでは、商品名が書いてあるホームページそのものではなく、リンク先の情報ページに「ココナッツオイルがアルツハイマー病に効果がある理由」などの記事が掲載されていたため、**商品紹介ページ及びリンクさせたページ全体を商品の広告として認定**し、景品表示法違反の判断が下されました。

　また、アフィリエイトサイトにおける広告内容でも、2021年に消費者庁は初めて優良誤認表示を理由とした景品表示法に基づく措置命令を行いました。これは**アフィリエイトサービスプロバイダー（ASP）を通じて、商品についてのアフィリエイトサイトの表示内容を、事業者がみずから決定している**という判断に基づくものです。

　このようにECビジネスを行う場合、自社のECサイトの商品ページだけでなく、リンク先の情報ページや、さらにアフィリエイト広告における表示も自社の法的責任を問われる場合があります。

　アフィリエイトを利用する場合の表示内容の確認や、広告会社との契約内容の確認などを行い、景品表示法違反とならないように対策を行いましょう。

● 商品紹介ページ及びリンクさせたページ全体を商品の広告と認定

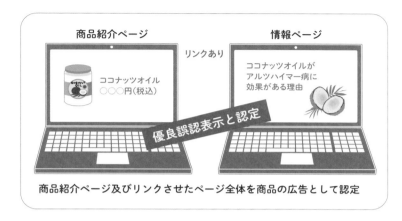

● アフィリエイト広告自体を不当表示（優良誤認表示）と認定

まとめ

☐ 商品紹介ページと情報ページを分けても措置命令の対象となり得る
☐ アフィリエイトでも事業者が広告内容を決定したと判断され得る

栄養機能食品なら届出不要

　健康食品やサプリメントの広告では、医薬品的な効果効能を表示することは薬機法に違反する可能性があります。効果効能を表示するには、特定保健用食品や機能性表示食品であれば、食品の持つ効果や機能を表示できますが、消費者庁への許可申請や届出が必要になります（P.134 参照）。

　許可申請や届出はそれ自体も大変ですが、そこに至るまでに多大な時間とコストをかけて試験や分析を行ったり、資料をそろえたりしなければなりません。

　そこで選択肢の一つとして考えたいのが、個別の許可申請等を行う必要がない自己認証制度である「栄養機能食品」としての表示です。栄養機能食品は、特定の栄養成分の補給のために利用される食品のことで、栄養成分の機能を表示することができます。たとえば、ビタミンEを含む栄養機能食品なら「ビタミンEは抗酸化作用により体内の脂質を酸化から守り、細胞の健康維持を助ける栄養素です」という表示が可能になります。

　ただし、1日当たりの摂取目安量に含まれる栄養成分量が定められた上・下限値の範囲内にあること、さらに摂取するうえでの注意事項その他の基準で表示が義務付けられている事項の表示が必要です。

　栄養機能表示や注意喚起表示の内容は栄養機能食品の規格基準で定められており、それ以外の成分の機能の表示等はできませんが、国による個別の審査を受ける必要はなく、定められた栄養成分を一定の基準量含んでいれば、表示義務や禁止事項その他のルールを遵守したうえで、栄養機能食品として販売できます。

巻末付録

ECサイト利用規約・
プライバシーポリシー
ひな形

EC事業者とそれを利用する個人ユーザーを想定した
「利用規約」と「プライバシーポリシー」のひな形を用意しました。
ECサイトの特徴に合わせて、アレンジしてご利用ください。

※ご利用にあたっては、P.9の免責事項をご確認ください。

ひな形のダウンロード

以下のウェブサイトよりひな形をダウンロードできます。
ご利用にあたっては、P.9の免責事項をご確認ください。

[ダウンロード先]
弁護士法人ファースト&タンデムスプリント法律事務所
EC・通販法務サービス

https://ec-lawyer.com/

EC サイト利用規約

この利用規約（以下「本規約」といいます。）は、株式会社●●（以下「当社」といいます。）が運営する「●●●●」（以下「本サービス」といいます。）を利用するユーザー（第2条で定義します。）に適用されます。本サービスをご利用になる前に、本規約の内容をよくお読みください。本規約の内容に同意できない場合は、本サービスをご利用なさらないようお願い致します。

第1条（目的）

1. 本規約は、本サービスの利用に関する条件及び当社とユーザーとの間の権利義務関係を定めることを目的としています。
2. ユーザーは、本サービスを利用するにあたり、本規約を遵守するものとします。
3. ユーザーが本規約に同意することにより当社との間に本契約（第2条で定義します。）が成立します。

第2条（定義）　利用規約中に頻出する用語をあらかじめ定義

本規約において使用する以下の用語は、以下の各号に定める意味を有するものとします。

(1)「本契約」とは、本規約を契約条件として当社及びユーザーとの間で締結される、本サービスの利用契約をいいます。
(2)「ユーザー」とは、本サービスのユーザー登録をしている全ての方をいいます。
(3)「本商品」とは、ユーザーが本サービスを利用して購入する商品をいいます。
(4)「通信機器」とは、スマートフォン、タブレット端末及びコンピューター機器をいいます。
(5)「反社会勢力等」とは、暴力団、暴力団員、暴力団員でなくなった時から5年を経過しない者、暴力団準構成員、暴力団関係企業、総会屋等、社会運動等標ぼうゴロ又は特殊知能暴力集団等、その他これらに準ずる者をいいます。

第3条（本サービスの内容）

ユーザーは、本サービスを通して、当社から本商品を購入することができます。

第4条（ユーザー登録）

1. 本サービスの利用を希望する方（以下「登録希望者」といいます。）は、本規約の内容に同意の上、当社が定める手続によりユーザー登録を行います。
2. 当社は、登録希望者が以下の各号のいずれかに該当し又は該当するおそれがあると当社が判断した場合には、登録を拒否することができます。なお、ユーザー登録が承認されなかったとしても、当社はその理由を開示する義務を負いません。
   (1) 当社に提供された登録情報の全部又は一部につき虚偽、誤記又は記入漏れがある場合
   (2) 未成年者、成年被後見人、被保佐人又は被補助人のいずれかであり、法定代理人、後見人、保佐人又は補助人の同意等を得ていなかった場合
   　　未成年者の登録など、民法上の取消が認められる場合を踏まえて規定
   (3) 反社会的勢力等に所属し若しくは過去に所属していた場合、その他反社会的勢力等と何らかの交流若しくは関与等がある場合
   (4) その他当社がユーザー登録を不適当と認める場合　事業者の判断で登録を拒めるようにしておく

3. ユーザーは、第1項に基づき登録した情報に変更が発生した場合、直ちに当社に通知し、当社の定める方法により登録情報の変更手続を行うものとします。 ← 登録された連絡先（メールアドレス等）が変更になるなど、連絡が取れなくなることによるトラブルを回避

第5条（ID、パスワード等のユーザー情報）

1. ユーザーは、本サービスに登録したユーザー ID 及びパスワード等（以下「ユーザー情報」といいます。）に関する情報を、自己の責任において安全に管理・保管し、第三者による不正使用を防止するために必要な措置を講じるものとします。

2. ユーザーは、ユーザー情報を第三者に貸与、共有、譲渡、名義変更その他の方法により第三者に使用させてはなりません。 ← アカウントの共用等を禁止

3. ユーザー情報の管理不十分、使用上の過誤、第三者の使用等による損害の責任はユーザーが負うものとし、当社は、当社に故意又は重過失がある場合を除き、一切の責任を負いません。 ← 原則としてユーザーの自己責任になることを明記

4. ユーザーは、ユーザー情報の不正利用又は第三者による使用又はそれらのおそれが判明した場合には、ただちにその旨を当社に通知するとともに、当社からの指示に従うものとします。

第6条（本商品の購入） ← 注文（契約）の成立時期を明記

1. ユーザーが本商品の購入を希望する場合、当社が定める方法に従って注文し、当社による注文確認の通知をもって、本商品の売買契約が成立するものとします。なお、当社は、本サービスのご利用の便宜向上のため、本商品の購入手続の仕様等を随時変更することがあります。

2. 本商品の内容によっては購入数を制限させていただく場合があります。制限を超える注文に関しては注文の取消をさせていただきます。この場合、ユーザーは、当社に売買契約の履行を請求することはできません。

3. 当社は、第1項の売買契約の成立後であっても、やむを得ない事由がある場合、注文の取消を行うことができます。 ← 欠品など事業者側の都合による注文取消を想定

第7条（代金の支払方法）

1. ユーザーは、前条の売買契約の成立後、当社が定める方法に従って本商品の代金を支払うものとします。なお、振込手数料その他支払に係る費用はユーザーの負担とします。

2. 当社は、ユーザーによる代金の支払確認後に当社が定める方法により本商品を配送するものとします。なお、当社が本商品の配送手続を完了した後、ユーザーの受取拒否、長期不在その他ユーザーの事情により本商品が当社に返送された場合、当社が別途定める再配達にかかる手数料を負担することを、ユーザーは予め同意します。 ← ユーザーの都合による再配達の配送料について明記

第8条（所有権の移転及び危険負担）

本商品の所有権及び危険負担は、配送業者による本商品の配送が完了した時点で、当社からユーザーに移転するものとします。

第9条（返品） 返品特約 ← たとえば、置き配で商品が雨水に濡れたり、盗難に遭ったりした場合の代金の請求権の有無について規定

1. 注文完了後のユーザー都合による本商品の返品及び交換はお断りさせていただきます。

2. 当社は、ご注文内容と異なる種類又は数の商品が配送された場合、本商品に破損等、その品質が契約内容に適合しない場合に限り、前項の規定にかかわらず、返品又は交換を受け付けます。但し、以下の条件を全て満たす必要があります。

   (1) 本商品が未使用であること
   (2) 本商品の梱包物及び附属品等を配送時の状態に戻すこと
   (3) 本商品受領後●日以内に当社所定の方法により返品手続の申請を行うこと

3. ユーザーによる代金支払後に前項の返品が行われた場合、当社は、返品が前項各号の条件を全て満たしていることを確認した上で、返金を行います。

第 10 条 （設備の負担等）

1. 本サービスの提供を受けるために必要な機器、通信回線その他の通信環境等の準備及び維持は、ユーザーの費用と責任において行うものとします。
2. ユーザーは、本サービスの利用環境に応じて、コンピューターウィルスの感染の防止、不正アクセス及び情報漏洩の防止等のセキュリティ対策を自らの費用と責任において講じるものとします。
3. ユーザーは、通信機器を第三者に使用されるおそれのある場合は、直ちに当社にその旨を連絡するとともに、当社の指示がある場合はこれに従うものとします。

不正アクセスなど緊急にメンテナンスが必要になった場合などにサービスの提供を中止できるようにする

第 11 条 （本サービスの提供条件）

当社は、メンテナンスその他の理由により、ユーザーに通知することなく、本サービスを停止又は変更することがあります。

ユーザーが投稿したコンテンツ等の利用許諾。事業者が利用したい場合に必要

第 12 条 （権利帰属）

1. ユーザーが本サービス上において投稿等を行った場合、掲載内容の一部又は全部に関し、発生し得る全ての著作権（著作権法第 27 条及び第 28 条に定める権利を含みます。）について、無償で自由に利用できる権利を当社に対して許諾することについて同意します。
2. ユーザーは、本サービスにおいて提供される全ての情報及びコンテンツ（以下総称して「当社コンテンツ」といいます。）を私的使用の範囲を超えて複製、転載、公衆送信、改変その他の利用をすることはできません。
3. 当社コンテンツに関する著作権、特許権、実用新案権、商標権、意匠権その他一切の知的財産権及びこれらの権利の登録を受ける権利(以下総称して「知的財産権」といいます。）は、当社又は当社がライセンスを受けているライセンサーに帰属するものとし、ユーザーには帰属しません。また、ユーザーは、知的財産権の存否にかかわらず、当社コンテンツについて、複製、配布、転載、転送、公衆送信、改変、翻案その他の二次利用等を行うことはできません。
4. ユーザーが本条の規定に違反した場合、ユーザーは、自己の費用と責任において問題を解決するとともに、当社に何らの不利益、負担又は損害を与えないよう適切な措置を講じるものとします。
5. ユーザーは、著作物となり得る掲載内容の一部について、当社並びに当社より正当に権利を取得した第三者及び当該第三者から権利を承継した者に対し、著作者人格権を行使しません。

ユーザーが投稿したコンテンツ等を編集したり、事業者が自由に使用できるようにしておくために規定

第 13 条（禁止行為）

1. ユーザーは、本サービスの利用にあたり、以下の各号の行為を行わないものとします。

予想される禁止事項を網羅的に規定。アカウントを停止した場合などに抗議を受けないように、できる限り具体的に規定

   (1) 本規約に違反する行為
   (2) 法令又は条例等に違反する行為
   (3) 当社又は第三者の知的財産権、肖像権、プライバシーの権利、名誉、その他の権利若しくは利益を侵害する行為又はこれらを侵害するおそれのある行為
   (4) 公序良俗に反する行為又はそのおそれのある行為
   (5) 犯罪行為若しくは犯罪を助長する行為又はそのおそれのある行為
   (6) 事実に反する情報又は事実に反するおそれのある情報を提供する行為
   (7) 当社のシステムへの不正アクセス、コンピューターウィルスの頒布その他本サービスの正常な運営を妨げる行為又はそのおそれのある行為
   (8) 当社及び本サービスの信用を損なう行為又はそのおそれのある行為
   (9) 青少年の心身及びその健全な育成に悪影響を及ぼすおそれのある行為
   (10) 他のユーザーのアカウントの使用その他の方法により、第三者になりすまして本サービスを利用する行為
   (11) 詐欺、規制薬物の濫用、預貯金口座及び携帯電話の違法な売買等の犯罪に結びつく又は結びつくおそれのある行為
   (12) 犯罪収益に関する行為又はその疑いがある行為
   (13) 当社又は第三者に損害を与える行為又はそのおそれのある行為
   (14) その他当社が不適当と判断する行為

2. 当社は、ユーザーの行為が、第 1 項各号のいずれかに該当すると判断した場合、ユーザーに事前に通知することなく、本サービスの利用の制限、又は本契約の解除によるユーザー登録の取消し、その他当社が必要と合理的に判断する行為を講じることができるものとします。

第 14 条（解除）

1. 当社は、ユーザーが以下の各号のいずれかに該当した場合、ユーザーに事前に通知することなく、本契約を解除し、退会させることができます。

   (1) 登録情報に虚偽があることが判明した場合
   (2) 過去に当社から退会処分を受けていた場合
   (3) 未成年が法定代理人の同意なく、本サービスを利用した場合
   (4) 成年被後見人、被保佐人又は被補助人が、成年後見人、保佐人又は補助人等の同意なく、本サービスを利用した場合
   (5) 当社からの連絡に対して●日間以上応答がない場合
   (6) その他当社が適当でないと判断した場合

2. 前項各号に定める場合のほか、当社は、ユーザーに対して 30 日前までに事前に通知することにより、本契約を解除し、退会させることができるものとします。また、ユーザーが退会を希望する場合、当社が定める退会手続により本契約を解除し、退会することができます。

3. 第 1 項及び第 2 項の措置により退会したユーザーは、期限の利益を喪失し、直ちに、当社に対し負担する全ての債務を履行しなければなりません。

4. 当社は、本条に基づき当社が行った行為によりユーザーに生じた損害について、当社の故意又は重過失がある場合を除き、一切の責任を負いません。

第 15 条（非保証及び免責）

1. 当社は、本サービス及び本商品が、ユーザーの特定の目的に適合すること、期待する商品的価値・正確性・有用性・最新性・信頼性・適法性を有すること、及び第三者の権利を侵害していないことについて、何ら保証するものではありません。
2. 当社は、本商品のお届け予定日時について、何ら保証するものではありません。
3. ユーザーが本サービスを利用するにあたり、本サービスから本サービスに関わる第三者が運営する他のサービス（以下「外部サービス」といいます。）に遷移する場合があります。その場合、ユーザーは、自らの責任と負担で外部サービスの利用規約等に同意の上、本サービス及び外部サービスを利用します。なお、外部サービスの内容に関し、その完全性、正確性及び有効性等について、当社は何ら保証するものではありません。
4. ユーザーが登録情報の変更を行わなかったことにより損害を被った場合でも、当社は一切の責任を負いません。
5. ユーザーは、法令の範囲内で本サービスを利用するものとします。本サービスの利用に関連してユーザーが日本又は外国の法令に触れた場合でも、当社は一切の責任を負いません。
6. 当社は、本サービスに中断、中止その他の障害が生じないことを何ら保証するものではありません。また、当社は、メンテナンス等のために、ユーザーに通知することなく、本サービスを停止又は変更することがありますが、この場合においても当社は一切の責任を負いません。
7. 当社は、地震、台風、津波その他の天変地異、火災、ストライキ、通商停止、戦争、内乱、感染症の流行その他の不可抗力により本契約の全部又は一部に不履行が発生した場合、一切の責任を負いません。
8. 本サービスの利用に関し、ユーザーが本商品の製造業者又は他のユーザーとの間でトラブルになった場合でも、当社は一切の責任を負わず、これらのトラブルは、当該ユーザーが自らの費用と負担において解決するものとします。

第 16 条（損害賠償責任） 事業者に故意・重過失がある場合にまで事業者を免責する規定は、消費者契約法により無効とされるので注意

1. ユーザーは、本規約の違反又は本サービスの利用に関連して当社に損害を与えた場合、当社に発生した損害（逸失利益及び弁護士費用を含みます。）を賠償します。
2. 当社は、本サービスに関連してユーザーが被った損害について、当社に故意又は重過失がある場合を除き、一切賠償の責任を負いません。消費者契約法の適用その他の理由により当社がユーザーに対して損害賠償責任を負う場合においても、当社の賠償責任は、損害の事由が生じた時点から遡って過去 6 ヶ月の期間にユーザーから現実に受領した本商品の代金の総額を上限とします。

第 17 条（本サービスの廃止） サイトを閉鎖する場合などにトラブルにならないように明記

当社は、当社が本サービスの提供を廃止すべきと合理的に判断した場合、本サービスの提供を廃止できるものとします。この場合、当社に故意又は重過失がある場合を除き、当社は一切の責任を負いません。

第 18 条（秘密保持）

1. 本規約において「秘密情報」とは、文書、電磁的データ、口頭その他形式の如何を問わず、又は秘密の表示若しくは明示又はその範囲の特定の有無にか

かわらず、本サービス導入に関して開示された相手方の技術上、営業上又は経営上の情報をいいます。ユーザーは、本サービスの提供に関して当社から開示された秘密情報を第三者に開示又は漏洩してはなりません。

2. 次の各号の情報は、秘密情報に該当しないものとします。
   (1) 当社から開示を受けた時、既に所有していた情報
   (2) 当社から開示を受けた時、既に公知であった情報又はその後自己の責に帰さない事由により公知となった情報
   (3) 当社から開示を受けた後に、第三者から適法に取得した情報
   (4) 当社から開示された秘密情報によらず独自に開発し又は創作した情報
3. ユーザーは、本契約が終了した場合又は当社から求められた場合、当社の指示に従い、秘密情報を速やかに返還又は廃棄するものとします。

第 19 条 （反社会的勢力等の排除）

1. ユーザーは、現在、反社会的勢力等に該当しないこと、及び次の各号のいずれにも該当しないことを表明し、かつ将来にわたっても該当しないことを保証するものとします。
   (1) 反社会的勢力等が経営を支配していると認められる団体と関係を有すること
   (2) 反社会的勢力等が経営に実質的に関与していると認められる団体と関係を有すること
   (3) 自己、自社若しくは第三者の不正の利益を図る目的又は第三者に損害を加える目的をもってする等、不当に反社会的勢力等を利用していると認められる関係を有すること
   (4) 反社会的勢力等に対して資金等を提供し、又は便宜を供与する等の関与をしていると認められる関係を有すること
   (5) 役員又は経営に実質的に関与している者が反社会的勢力等と社会的に非難されるべき関係を有すること
2. ユーザーは、自ら又は第三者を利用して次の各号のいずれにも該当する行為を行わないことを確約し、これを保証するものとします。
   (1) 暴力的な要求行為
   (2) 法的な責任を超えた不当な要求行為
   (3) 取引に関して、脅迫的な言動をし、又は暴力を用いる行為
   (4) 風説を流布し、偽計を用い又は威力を用いて相手方の信用を毀損し、又は相手方の業務を妨害する行為
   (5) その他前各号に準ずる行為
3. 当社は、ユーザーが本条に違反した場合には、ユーザーに対して何らの催告をすることなく本契約を解除することができるものとします。
4. 当社は、前項に基づく解除によりユーザーに損害が生じた場合であっても、当該損害の賠償義務を負いません。また、当該解除に起因して当社に生じた損害につき、ユーザーに対し損害賠償を請求することができるものとします。

第 20 条 （連絡又は通知）

事業者が送信したメールをユーザーが未読だったような場合でも、連絡・通知としての効力を持たせる規定

本サービスに関する問合せその他ユーザーから当社に対する連絡又は通知、及び本規約の変更に関する通知その他当社からユーザーに対する連絡又は通知は、当社の定める方法で行うものとします。通知は、当社からの発信によってその効力が生じます。

第 21 条（権利義務の譲渡禁止）

1. ユーザーは、当社の書面による事前の承諾なく、本契約上の地位又は本規約に基づく権利若しくは義務の全部又は一部につき、第三者に対し、譲渡、移転、担保設定、その他の処分をすることはできません。
2. 当社が、本サービスにかかる事業を第三者に譲渡したときは、当社は、当該事業譲渡に伴い、本契約上の地位、本規約に基づく権利及び義務並びにユーザーに関する情報を当該事業譲渡の譲受人または承継人に譲渡することができるものとし、ユーザーは、あらかじめこれに同意するものとします。

第 22 条（個人情報の取扱い）

本サービスにおける個人情報の取扱いに関しては、当社が定める「プライバシーポリシー」に基づき取り扱うものとします。

第 23 条（分離可能性） ───── 消費者契約法などにより条項の一部が無効とされても、ほかの条項は効力を持つことを明記

本規約のいずれかの条項の全部又は一部が、消費者契約法その他の法令等により無効又は執行不能と判断された場合であっても、本規約の残りの規定及び一部は、継続して完全に効力を有するものとします。

第 24 条（本契約の有効期間）

本契約の有効期間は、本契約成立時からユーザーが退会するまでの間とします。なお、第 12 条（権利帰属）、第 14 条（解除）第 3 項、第 15 条（非保証及び免責）から第 17 条（本サービスの廃止）、第 19 条（反社会的勢力等の排除）第 3 項及び第 4 項、第 21 条（権利義務の譲渡禁止）、第 23 条（分離可能性）から第 27 条（合意管轄裁判所）の規定は、本契約の終了後も有効に存続するものとします。

第 25 条（本規約の変更） ───── 規約の変更時の告知方法と、効力の発生時期を規定

1. 当社は、民法第 548 条の 4 の規定に基づき本規約を随時変更できるものとします。本規約が変更された後の本契約は、変更後の本規約が適用されます。
2. 当社は、本規約の変更を行う場合は、効力発生時期の●日前までに、変更後の本規約の内容及び効力発生時期をユーザーに通知、本サービス上への表示その他当社所定の方法によりユーザーに周知するものとします。
3. 前二項の規定にかかわらず、前項の本規約の変更の周知後にユーザーが本サービスを利用した場合又は当社所定の期間内にユーザーが解約の手続を取らなかった場合、当該ユーザーは本規約の変更に同意したものとみなします。

第 26 条（準拠法） ───── 越境 EC を行う場合は、記載が必須

本規約の準拠法は、日本法とします。

第 27 条（合意管轄裁判所） ───── 越境 EC を行う場合は、記載が必須

本規約及び本サービスに関する一切の紛争については、●●地方裁判所を第一審の専属的合意管轄裁判所とします。

20 ●●年●月●日制定 ───── 制定日及び改訂した場合には改定日を末尾に記載
20 ●●年●月●日改定

146

プライバシーポリシー

株式会社●●（以下「当社」といいます。）は、当社のサービスを利用するお客様（以下「ユーザー」といいます。）の個人情報の取扱いについて、以下のとおりプライバシーポリシー（以下「本ポリシー」といいます。）を定めます。
（当社の所在地及び代表者氏名については、こちら【※会社概要のリンクなどを貼付】をご参照ください。）

第1条（個人情報）

「個人情報」とは、個人情報の保護に関する法律（平成十五年法律第五十七号、以下「個人情報保護法」といいます。）にいう「個人情報」を指し、生存する個人に関する情報であって、当該情報に含まれる氏名、生年月日その他の記述等により特定の個人を識別できるもの（他の情報と容易に照合することができ、それにより特定の個人を識別することができることとなるものを含む。）又は個人識別符号が含まれるものを指します。

第2条（利用目的）

利用目的を変更する場合、本人への通知や公表が必要になるため、将来の利用目的も考慮しながらできる限り特定する

当社は、ユーザーの個人情報を、以下の目的に必要な範囲で適法に取得及び利用させていただきます。

(1) 商品の注文・受付・発送、アフターサービス、代金のご請求等、当社のサービス（以下「本サービス」といいます。）を提供するため
(2) 本サービスの内容を改善し、又は新たなサービスを企画・開発するため
(3) 本サービス・商品の各種情報、キャンペーン、アンケート等及び当社が提供する他のサービス・商品のご案内（電子メール、チラシ、その他のダイレクトメールの送付を含む）のため
(4) 本サービスの保守、管理、重要なお知らせなどをご連絡するため
(5) 本サービスに関するユーザーからのご意見、お問合せ等に回答するため（本人確認を行うことを含む）
(6) 本サービスの利用状況をユーザーにご報告するため
(7) 本サービスの利用履歴等を調査・分析し、その結果を本サービスの改良や広告の配信に利用するため
(8) ユーザーの承諾・申込みに基づく、当社主催イベントの参加企業等への個人情報の提供
(9) 利用規約に違反したユーザーや、不正・不当な目的で本サービスを利用しようとするユーザーを特定し、ご利用をお断りするため

第3条（第三者提供）

第三者提供は行わないことを原則に、例外について表記

当社は、次に掲げる場合を除き、あらかじめユーザーの同意を得ないで、第三者に対し個人情報を開示・提供することはいたしません。

(1) 法令に基づく場合
(2) 人の生命、身体又は財産の保護のために必要がある場合であって、ユーザーの同意を得ることが困難である場合
(3) 公衆衛生の向上又は児童の健全な育成の推進のために特に必要がある場合であって、ユーザーの同意を得ることが困難である場合
(4) 国の機関若しくは地方公共団体又はその委託を受けた者が法令の定める事務を遂行することに対して協力する必要がある場合であって、ユーザーの

同意を得ることにより当該事務の遂行に支障を及ぼすおそれがある場合

第 4 条 (委託による提供)

当社は、利用目的の達成に必要な範囲内において、個人情報の取扱いの全部又は一部を委託する場合があります。この場合、当社は、当該個人情報の安全管理が図られるよう、委託先に対する必要かつ適切な監督を行います。

第 5 条 (共同利用)

> 利用目的の範囲内で、取得した個人情報をグループ企業などと共同して利用する場合に明記

当社は、以下の範囲及び目的において、ユーザーの個人情報を利用することがあります。

【共同利用する個人情報の項目】
 ・●●●●
 ・●●●●
【共同利用する個人情報の利用目的】
 ・●●●●のため
【共同利用者の範囲】
 ・株式会社●●●●
【共同利用の管理責任者】
 ・株式会社●●●● (東京都●●区●● 1-1、代表取締役●●●●)

第 6 条 (仮名加工情報)

当社は、他の情報と照合しない限りユーザーを識別することができないようにユーザーの個人情報を加工した仮名加工情報を作成し、●●のために利用する場合があります。その場合、当社は、仮名加工情報について、法令を遵守し、安全管理措置を講じるものとします。

第 7 条 (個人情報の開示)

> 個人情報はユーザー本人の求めに応じて遅滞なく開示しなければならない。例外となる場合についても明記

当社は、ユーザーから当社の保有する個人情報の開示を求められたときは、ユーザーご本人からのご請求であることを確認の上で、ユーザーに対し、遅滞なくこれを開示します。但し、開示することにより次のいずれかに該当する場合は、その全部又は一部を開示しないこともあり、開示しない場合には、その旨を遅滞なく通知します。
(1) ユーザー又は第三者の生命、身体、財産その他の権利利益を害するおそれがある場合
(2) 当社の業務の適正な実施に著しい支障を及ぼすおそれがある場合
(3) 他の法令に違反することとなる場合

第 8 条 (個人情報の訂正及び利用停止等)

1. ユーザーは、当社に対し、個人情報の訂正、追加、削除、又は利用の停止・消去、若しくは第三者への提供の停止(以下「訂正等」といいます。)を請求することができます。
2. 前項の請求を受けた場合、当社は遅滞なく必要な調査を行い、その結果に基づき、個人情報保護法において認められる範囲内において、遅滞なく当該個人情報の訂正等を行います。
3. 当社は、前項に基づき訂正等の実施・不実施について判断した場合には、遅

滞なく、ユーザーご本人に対してご連絡いたします。

第 9 条（プライバシーポリシーの変更手続）

当社は、より一層ユーザーの個人情報の保護を図るため、又は法令の制定や変更等に伴い、本ポリシーの内容を適宜見直し、その改善に努めます。その結果、当社は、プライバシーポリシーを変更することがあります。変更後のプライバシーポリシーは、当社所定の方法により、ユーザーに通知し、又は当社ウェブサイトに掲載したときから効力を生じるものとします。

第 10 条（法令等の遵守）

当社は、個人情報の重要性を認識し、その保護の徹底をはかるとともに、保有する個人情報に関して適用される日本の法令、規則、ガイドライン等を遵守します。

第 11 条（安全管理措置） 　個人情報の漏えい、滅失、毀損等の　　リスクに対する安全措置等を記載

当社は、安全管理措置に関する基本方針を策定するとともに、当社がユーザーよりお預かりした個人情報は、個人情報ファイルへのアクセス制限の実施、アクセスログの記録及び外部からの不正アクセス防止のためのセキュリティ対策の実施、個人情報取扱責任者の設置、従業者の入退室管理、従業者に対する個人情報の取扱いについての定期的な研修等、組織的、物理的、人的、技術的施策を講じることで個人情報への不正な侵入、個人情報の紛失、破壊、改ざん、及び漏えい等を防止いたします。

第 12 条（お問合せ窓口）

ご意見、ご質問、苦情のお申出その他当社の個人情報の取扱いに関するお問い合せは、下記の窓口までご連絡ください。

株式会社●●●　お客様対応窓口
住所：〒 000-0000　●●●●
TEL：00-0000-0000（受付時間：●時〜●時）
E-mail：●●●@●●●●

Index

■ 問い合わせについて

本書の内容に関するご質問は、下記の宛先までFAXまたは書面にてお送りください。
なお電話によるご質問、および本書に記載されている内容以外の事柄に関するご質問にはお答え
できかねます。あらかじめご了承ください。

〒162-0846
東京都新宿区市谷左内町21-13
株式会社技術評論社　書籍編集部
「60分でわかる!　ECビジネスのための法律 超入門」質問係
FAX:03-3513-6181

※ご質問の際に記載いただいた個人情報は、ご質問の返答以外の目的には使用いたしません。
　また、ご質問の返答後は速やかに破棄させていただきます。

60分でわかる!
ECビジネスのための法律 超入門

2023年2月24日　初版　第1刷発行

著者………………………小野智博

発行者………………………片岡　巌
発行所………………………株式会社 技術評論社
　　　　　　　　　　　　　東京都新宿区市谷左内町 21-13
電話………………………03-3513-6150　販売促進部
　　　　　　　　　　　　　03-3513-6185　書籍編集部
編集………………………飯野実成、三浦顕子
担当………………………秋山絵美（株式会社技術評論社）
装丁………………………菊池　祐（株式会社ライラック）
本文デザイン・DTP…野村道子（bee'sknees-design）
本文フォーマットデザイン 山本真琴（design.m）
製本／印刷……………大日本印刷株式会社

ISBN978-4-297-13265-1 C3032
Printed in Japan